Dimitrij Krasontovitsch

Bewertung von Wachstumsunternehmen

Das Schwartz und Moon Modell
als neuartiger holistischer Ansatz

Diplomica Verlag GmbH

Krasontovitsch, Dimitrij: Bewertung von Wachstumsunternehmen: Das Schwartz und Moon Modell als neuartiger holistischer Ansatz.
Hamburg, Diplomica Verlag GmbH 2013

Buch-ISBN: 978-3-8428-9809-7
PDF-eBook-ISBN: 978-3-8428-4809-2
Druck/Herstellung: Diplomica® Verlag GmbH, Hamburg, 2013

Bibliografische Information der Deutschen Nationalbibliothek:
Die Deutsche Nationalbibliothek verzeichnet diese Publikation in der Deutschen Nationalbibliografie; detaillierte bibliografische Daten sind im Internet über http://dnb.d-nb.de abrufbar.

Das Werk einschließlich aller seiner Teile ist urheberrechtlich geschützt. Jede Verwertung außerhalb der Grenzen des Urheberrechtsgesetzes ist ohne Zustimmung des Verlages unzulässig und strafbar. Dies gilt insbesondere für Vervielfältigungen, Übersetzungen, Mikroverfilmungen und die Einspeicherung und Bearbeitung in elektronischen Systemen.

Die Wiedergabe von Gebrauchsnamen, Handelsnamen, Warenbezeichnungen usw. in diesem Werk berechtigt auch ohne besondere Kennzeichnung nicht zu der Annahme, dass solche Namen im Sinne der Warenzeichen- und Markenschutz-Gesetzgebung als frei zu betrachten wären und daher von jedermann benutzt werden dürften.

Die Informationen in diesem Werk wurden mit Sorgfalt erarbeitet. Dennoch können Fehler nicht vollständig ausgeschlossen werden und die Diplomica Verlag GmbH, die Autoren oder Übersetzer übernehmen keine juristische Verantwortung oder irgendeine Haftung für evtl. verbliebene fehlerhafte Angaben und deren Folgen.

Alle Rechte vorbehalten

© Diplomica Verlag GmbH
Hermannstal 119k, 22119 Hamburg
http://www.diplomica-verlag.de, Hamburg 2013
Printed in Germany

Inhaltsverzeichnis

Inhaltsverzeichnis I
Tabellenverzeichnis III
Abbildungsverzeichnis IV
Abkürzungsverzeichnis V
1. Einführung 1
2. Begriffe und theoretische Grundlagen 3
   2.1. Besonderheiten von Wachstumsunternehmen 3
      2.1.1. Wirtschaftliche und rechtliche Existenz 3
      2.1.2. Flexibilität und Dynamik 5
      2.1.3. Überproportionales Wachstum 5
      2.1.4. Erhöhtes Risiko 6
   2.2. Realoptionsansatz 8
      2.2.1. Realoptionen 9
      2.2.2. Vergleich von Finanz- und Realoptionen 13
      2.2.3. Bewertung von Realoptionen 17
3. Modell von Schwartz und Moon 19
   3.1. Unternehmensbewertung durch Realoptionen 19
   3.2. Monte-Carlo-Simulation 20
   3.3. Freie Cash-Flows 22
   3.4. Umsatzentwicklung 23
   3.5. Wachstumsrate der Umsatzentwicklung 24
   3.6. Kostenentwicklung 25
   3.7. Investitionsausgaben und Abschreibungen 27
   3.8. Unternehmenssteuern 27
   3.9. Ausschüttungspolitik 28
   3.10. Insolvenz 29
   3.11. Residualwert 30
   3.12. Ermittlung des Aktienwertes 32
   3.13. Risikoberücksichtigung im Modell 33
      3.13.1. Risikoäquivalenz 33
      3.13.2. Risikoneutrales Wahrscheinlichkeitsmaß 35
      3.13.3. Intertemporal Capital Asset Pricing Model 36
   3.14. Überführung in ein zeitdiskretes Modell 37

4. Bewertung der Tomorrow Focus AG nach Schwartz/Moon 39
    4.1. Überblick über die Tomorrow Focus AG 39
    4.1.1. Unternehmensstruktur und Geschäftsbereiche 39
    4.1.2. Unternehmensentwicklung und Prognosen 42
    4.2. Bewertung der Tomorrow Focus AG 46
    4.2.1. Annahmen der Modellparameter 46
    4.2.2. Unternehmenswert 53
    4.3. Zusammenfassende Beurteilung des Schwartz/Moon-Modells 55
5. Fazit 58
Anhang 60
A. Simulationsparameter 60
B. Marktpreis des Risikos 61
C. Investitionen und Abschreibungen 62
D. Peer Group 62
E. Bestimmung des Aktienwertes 62
Literaturverzeichnis V

Tabellenverzeichnis

Tabelle 1 Gründungsformen 3
Tabelle 2 Analogien zwischen Finanz- und Realoptionen 14
Tabelle 3 Indirekte Ermittlung des freien Cash-Flows 22
Tabelle 4 Aktionärsstruktur der Tomorrow Focus AG (31.09.2011) 41
Tabelle 5 Vergleich der Tomorrow Focus AG mit idealtypischen Wachstumsunternehmen .. 45

Abbildungsverzeichnis

Abbildung 1 Lebenszyklusphasen von Unternehmen 4
Abbildung 2 Idealtypische Entwicklung der Risiken von Wachstumsunternehmen 7
Abbildung 3 Wertebeitrag von Flexibilität/Handlungsspielräumen 9
Abbildung 4 Überblick über die Realoptionsarten 10
Abbildung 5 Unternehmensbewertungsverfahren bei Venture-Capital-Gesellschaften 13
Abbildung 6 Optionsbewertungsverfahren im Überblick 17
Abbildung 7 Unternehmenswertverteilungen in Abhängigkeit der
  Zustandsveränderungen 21
Abbildung 8 Konzernstruktur der Tomorrow Focus AG am 30.09.2011. 40
Abbildung 9 Umsatz der Tomorrow Focus AG nach geographischen Segmenten 41
Abbildung 10 Umsatz, Earnings before Interest and Taxes (EBIT) und Volatilität der
  Umsätze der Tomorrow Focus AG, inklusive Prognose (2002-2014) 42
Abbildung 11 Entwicklung zu einem langfristigen Gleichgewicht bei einer Halbwertzeit
  von 0,07702. 47
Abbildung 12 Lineare Regression vom Umsatz und Kosten der abgesetzten Waren 49
Abbildung 13 Cash-Flow Entwicklungen in Abhängigkeit der Simulationsdurchläufe 52
Abbildung 14 Simulierte Unternehmenswerte 53
Abbildung 15 Erweiterter Unternehmenswert der Tomorrow Focus AG 54

Abkürzungsverzeichnis

AG	Aktiengesellschaft
BIP	Bruttoinlandsprodukt
bzw.	beziehungsweise
CAPM	Capital Asset Pricing Model
CDAX	Composite DAX
DCF	Discount Cash-Flow
EBIT	Earnings before Interest and Taxes
EBITDA	Earnings before Interest, Taxes, Depreciation, and Amortization
E-Commerce	Electronic Commerce
FCF	Free Cash-Flow
FuE	Forschung und Entwicklung
ggf.	gegebenenfalls
GmbH & Co. KG	Gesellschaft mit beschränkter Haftung & Compagnie Kommanditgesellschaft
GmbH	Gesellschaft mit beschränkter Haftung
i.d.R.	in der Regel
i.V.m.	in Verbindung mit
ICAPM	Intertemporal Capital Asset Pricing Model
IDW	Institut der Wirtschaftsprüfer in Deutschland e.V.
inkl.	inklusive
IT	Informationstechnik
Ltd	Limited (Gesellschaft mit beschränkter Haftung)
MW	Mittelwert
p.a.	per annum
Stk.	Stück
TecDAX	Technologie-Werte Deutscher Aktienindex
u.a.	unter anderem
vrs.	voraussichtlich
z.T.	zum Teil

Symbolverzeichnis

$RW^{DCF}{}_T$	Residualwert nach dem DCF-Verfahren im Zeitpunkt T
$\bar{\mu}$	Langfristiges Gleichgewicht der Wachstumsrate µ(t)
E_Q	Erwartungswertoperator unter dem äquivalenten Martingalmaß
E_t	bedingter Erwartungswert im Zeitpunkt t
FCF_{T+1}	Erster Free Cash-Flow der Restwertperiode im Zeitpunkt T+1
V_{FK}	Fremdkapital zum Marktwert
V_{SO}	Cash-Flow bei Ausübung der Aktienoptionen (Share Options)
X^*	Kassenbestand bei maximaler Verschuldungsgrenze
no_{CO}	Anzahl der Aktien aus Wandelanleihen (Convertibles)
no_{SH}	Anzahl der Aktien (Shares)
no_{SO}	Anzahl der Aktien durch Ausübung der Aktienoptionen
r_k	Konstanter Kapitalkostensatz
$\bar{t}$	Investitionsplanungshorizont
w_k	Konstante Wachstumsrate
z_μ	Standard Wiener Prozess der Wachstumsrate
z_R	Standard Wiener Prozess der Umsatzerlöse $R(t)$
z_γ	Standard Wiener Prozess der variablen Kosten
α_i	Erwartete momentane Rendite des Wertpapiers i
$\bar{\gamma}$	Langfristiger variabler Kostensatz
$\bar{\eta}$	Langfristiges Gleichgewicht der Volatilität der Wachstumsrate
$\eta_\mu(t)$	Volatilität der Wachstumsrate im Zeitpunkt t
κ_μ	Mean-Reversion-Koeffizient der Wachstumsrate
κ_γ	Mean-Reversion-Koeffizient des variablen Kostensatzes
κ_η	Mean-Reversion-Koeffizient der Volatilität der Wachstumsrate
κ_σ	Mean-Reversion-Koeffizient der Volatilität der Umsatzerlöse
κ_φ	Mean-Reversion-Koeffizient der Volatilität des variablen Kostensatzes
λ_R	Marktpreis des Risikos für das realisierte Umsatzwachstum
λ_R	Marktpreis des Risikos für das realisierte Umsatzwachstum
$\rho_{R,\gamma}$	Korrelationskoeffizient realisiertes Umsatzwachstum und variabler Kostensatz
ρ_{RM}	Korrelation zwischen Veränderung der Umsatzerlöse und Renditen des Marktportfolios

$\rho_{\mu,\gamma}$	Korrelationskoeffizient erwartetes Umsatzwachstum und variabler Kostensatz
$\bar{\sigma}$	Langfristiges Gleichgewicht der Volatilität der Umsatzerlöse
σ_M	Volatilität der Renditen des Marktportfolios
σ_R	Volatilität der Umsatzerlöse
$\sigma_R(t)$	Volatilität der Umsatzerlöse im Zeitpunkt t
$\sigma_R(t)$	Volatilität der Umsatzerlöse im Zeitpunkt t
σ_{iM}	Kovarianz zwischen den Renditen des i-ten Wertpapiers und den Marktrenditen
σ_{in}	Kovarianz der Momentanrendite des Wertpapiers i mit der Momentanrendite der Veränderung des Wertpapiers n
σ_n	Volatilität eines mit dem Diskontierungsfaktor perfekt negativ korrelierten Anlage
τ_c	Unternehmenssteuersatz
$\bar{\varphi}$	Langfristige Volatilität des variablen Kostensatzes
$\varphi_\gamma(t)$	Volatilität des variablen Kostensatzes im Zeitpunkt t
$\mu(t)$	Wachstumsrate / Drift im Zeitpunkt t
M	Multiplikator
r	risikoloser Zinssatz
A	Aggregierte Risikotoleranz der Ökonomie
CR	Geschätzte Investitionen als Rate der Umsatzerlöse (Capital Ratio)
$CX(t)$	Geplante Investitionen im Zeitpunkt t
$Capex(t)$	Investitionsausgaben (Capital Expenditures) im Zeitpunkt t
$Cost(t)$	Gesamtkosten im Zeitpunkt t
DR	Abschreibungen als Rate des Sachanlagenvermögens
E	Erwartungswert
EV	Enterprise Value
F	Fixkosten
H	Aggregierte Nachfrage nach dem Wertpapier n als Absicherung gegen unvorteilhafte Veränderungen der Anlagemöglichkeiten
$L(t)$	Verlustvortrag (Loss-carry-forward) im Zeitpunkt t
M	Marktkapitalisierung aller Wertpapiere (aggregierten Wohlstand)
$P(t)$	Sachanlagevermögen (Property, Plant and Equipment) im Zeitpunkt t
$R(t)$	Umsatzerlöse im Zeitpunkt t

SV	Aktienwert (Share Value)
T	Länge des expliziten Planungshorizontes
$Tax(t)$	Steuern im Zeitpunkt t
$V(0)$	Unternehmenswert (Value) zum Zeitpunkt t=0
Var	Varianz
$X(t)$	Kassenbestand im Zeitpunkt t
$Y(t)$	Gewinn nach Steuern im Zeitpunkt t
g	Volatilität der Veränderungen des risikolosen Zinses
$\gamma(t)$	Variable Kosten im Zeitpunkt t

1. Einführung

Die Bewertung von Unternehmen spielt sowohl in der Theorie, als auch in der Praxis eine bedeutende Rolle. Bei der Unternehmensbewertung geht es darum, die Fähigkeit des Unternehmens zu messen, in der Zukunft Zahlungsmittel an die Eigner beziehungsweise die Aktionäre weiterzugeben. Als Bewertungsgründe gelten unter anderem Kauf oder Verkauf von Unternehmensteilen, Beteiligungsfinanzierung durch Venture-Capital-Gesellschaften, Börsengang, Management Buy-In/-Out sowie Insolvenzverfahren.[1]

Die in der Literatur sowie in der gängigen Praxis verwendeten Ansätze und Modelle behandeln vor allem die Bewertung von etablierten Unternehmen, die sich bezüglich Unsicherheit, Repräsentativität von Vergangenheitsdaten für die Zukunft sowie Realisierungszeitpunkt hinsichtlich der Cash-Flows von Wachstumsunternehmen unterscheiden.[2]

Ferner werden die in Kapitel 2 dargestellten besonderen Charakteristika von Wachstumsunternehmen und die daraus resultierenden großen Handlungsspielräume des Managements auf externe und interne Entwicklungen durch die gängigen Bewertungsmodelle, wie beispielsweise das Discount-Cash-Flow-Verfahren, nicht berücksichtigt.[3] Es wird bei den klassischen Bewertungsverfahren stattdessen unterstellt, dass das Unternehmensmanagement passiv handelt, da es keine zukünftigen Handlungsspielräume besitzt oder nutzt.[4] Daraus ergibt sich tendenziell eine Überbewertung der Unsicherheit, die aus klassischer Bewertungssicht als Risiko interpretiert wird sowie eine Unterbewertung der zukünftigen Entwicklungspotentiale von Wachstumsunternehmen.[5] Die klassischen Bewertungsverfahren führen dementsprechend aufgrund der Vernachlässigung der Flexibilität systematisch zur Unterbewertung von Unternehmenswerten.

Daher soll in Kapitel 2 weiterhin aufgezeigt werden, dass Handlungsspielräume als Optionen verstanden werden können, die dem Management die Möglichkeit einräumen wertmaximierende Entscheidungen zu treffen. Die Optionen können dabei ähnlich zu Finanzoptionen bewertet werden und als reale Optionen einen Mehrwert zum Unternehmenswert liefern.

---

[1] Vgl. *Peemöller/Angermayer-Michler* (2002), S. 17.
[2] Vgl. Absatz 2., *Hayn* (2000) S. 98 ff., *Achleitner/Nathusius* (2004) S. 67 ff.
[3] *Schwall* (2001) S. 186 f.
[4] *Trigeorgis* (1993) S. 202 f.
[5] *Meise* (1998) S. 3 ff.

Da es bisher in der traditionellen Unternehmensbewertung nicht möglich war, die Handlungsspielräume sowie die zukünftige Wertentwicklung von Wachstumsunternehmen umfassend zu berücksichtigen, steht das Realoptionsmodell nach Schwartz und Moon im Fokus dieser Untersuchung, das einen neuen, holistischen Ansatz zur Bewertung von Wachstumsunternehmen darstellt.

Dabei wird in Kapitel 3 das Modell im Detail vorgestellt, das im Wesentlichen die Unsicherheit über die Zukunft und die Dynamik von Wachstumsunternehmen mithilfe von zeitstetigen stochastischen Prozessen modelliert. Analog zum DCF-Verfahren wird im Modell von Schwartz und Moon der Unternehmenswert durch die Cash-Flow Generierung ermittelt. Allerdings erfolgt die Ermittlung des Cash-Flows nicht durch Prognose, sondern durch Modellierung der zentralen Unternehmenswerttreiber als stochastische Prozesse. Ausgehend von einem hohen Umsatzwachstum sowie der Unternehmensdynamik werden als zentrale, besonders mit Unsicherheit behaftete Werttreiber die Umsatzentwicklung, die erwarteten Umsatzveränderungen sowie die variablen Kosten als stochastische Prozesse modelliert. Die Unternehmenswerte werden, im Vergleich zum DCF-Verfahren, nicht als Punktschätzungen bestimmt, sondern es wird ein Wahrscheinlichkeitsraum an erwarteten Unternehmenswerten ermittelt.

Kapitel 4 stellt den praktischen Teil der Untersuchung da, indem die Bewertung eines Wachstumsunternehmens nach dem Modell von Schwartz/Moon erfolgt. Dabei werden auch die Stärken und Schwächen des Modells verdeutlicht sowie die Gründe für die eher seltene Anwendung des Modells in der Praxis.

Anhand einer Sensitivitätsanalyse kann in Kapitel 4 weiterhin überprüft werden, welchen Einfluss die Modellparameter auf den Unternehmenswert haben. Außerdem soll aufgezeigt werden, dass Wachstumsunternehmen Optionscharakteristika aufweisen, wobei der Wert mit zunehmender Erwartungsunsicherheit analog zu einer Option ansteigt und vice versa.

Die Untersuchung schließt in Kapitel 4 mit einer Zusammenfassung der Ergebnisse und bietet in Kapitel 0 einen Ausblick auf die mögliche Entwicklung.

2. Begriffe und theoretische Grundlagen

2.1. Besonderheiten von Wachstumsunternehmen

2.1.1. Wirtschaftliche und rechtliche Existenz

Wachstumsunternehmen können sowohl nach der Art der wirtschaftlichen und rechtlichen Existenz unterschieden werden. In der folgenden Abbildung werden die Arten der Gründungen gegenübergestellt.[6]

	Derivate Gründungen	Originäre Gründungen
Unselbstständige Gründungen	Fusion/ Umgründung	Betriebsgründung
Selbstständige Gründung	Existenzgründung durch Betriebsübernahme	Unternehmensgründung

Tabelle 1 Gründungsformen[7]

Als Wachstumsunternehmen sind insbesondere Unternehmen zu nennen, die eine rechtlich selbstständige Unternehmensgründung vollzogen haben und sich damit in keinem Rechtsverhältnis mit einer Muttergesellschaft befinden.[8] Dabei kann es sich entweder um originäre Gründungen handeln, wobei rechtlich gesehen ein neues Unternehmen entsteht, oder um derivative Gründungen durch die Übernahme eines existierenden Unternehmens bzw. Firmenmantels.[9] Im Rahmen der vorliegenden Untersuchung werden dabei originär-/ derivatselbstständige Wachstumsunternehmen betrachtet.[10]

Charakteristisch für Wachstumsunternehmen ist eine kurze rechtliche und wirtschaftliche Existenz. Dabei kann grundsätzlich keine allgemeingültige Aussage getroffen werden, mit welcher Lebensdauer Unternehmen noch als jung und ab wann ein Unternehmen als etabliert zu klassifizieren ist.

Die Geschwindigkeit, mit der sich ein junges Unternehmen zu einem etablierten entwickelt, kann unter anderem (u.a.) durch die Branche beeinflusst werden. Somit sind Unternehmen, die Produkte mit relativ langen Lebenszyklen vertreiben, z.B. in der Maschinenbau-Branche, tendenziell länger als junge Unternehmen zu charakterisieren als Unternehmen, deren Produk-

---

[6] Vgl. *Szyperski/Nathusius* (1977) S.26 ff.
[7] In Anlehnung an *Szyperski/Nathusius* (1977) S.27.
[8] Vgl. *Szyperski/Nathusius* (1977) S. 26.
[9] Vgl. *Szyperski/Nathusius* (1977) S.28 f.
[10] Für detailliertere Darstellung vergleiche dazu *Szyperski/Nathusius* (1977) S.26 ff.

te kurze Lebenszyklen aufweisen, z.B. die Mode-Branche.[11] Auch die Marktstruktur, insbesondere Konkurrenten-, Lieferanten- und Kundensituation, kann entscheidend dafür sein, wie schnell sich ein Unternehmen etablieren kann.

Idealtypisch lassen sich dabei Unternehmen nach spezifischen Phasen der Unternehmensentwicklung charakterisieren, siehe Abbildung 2.[12] Dabei durchlaufen Unternehmen einen mehr oder minder typischen Umsatz-/ Kosten- und Gewinnverlauf von der Markteinführung bis zur Stabilisierung bzw. Reife.[13]

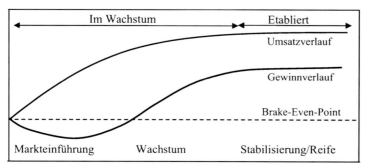

Abbildung 1 Lebenszyklusphasen von Unternehmen[14]

Da keine allgemeine Begriffsbestimmung für Wachstumsunternehmen existiert, werden für die vorliegende Untersuchung diejenigen Unternehmen als wachsend definiert, die sich in der Markteinführungs- und Wachstumsphase befinden.

Charakteristisch für diese Phasen sind ein Auf- bzw. Ausbau der Lieferanten- und Kundenbeziehungen und Produktionskapazitäten, ein Ausbau der Marktanteile sowie ein hoher Bedarf an finanziellen Ressourcen.[15]

Die Wachstumsphase wird durch die Stabilisierungs- bzw. Reifephase abgelöst, die sich durch feste Marktanteile sowie Kunden- und Lieferantenbeziehungen und ein geringes organisches Wachstum auszeichnet.[16]

---

[11] Vgl. *Hayn* (2000) S. 16.
[12] Die einzelnen Phasen werden dabei in der Literatur unterschiedlich bezeichnet. Vergleiche dazu *Churchill/Lewis* (1983) S. 30 ff.; *Pfirrmann et al.* (1997) S. 11 ff. Für einen Überblick der verbreiteten Modele vergleiche auch *Landwehr* (2005) S. 59.
[13] Vgl. *Szyperski/Nathusius* (1977) S. 30 ff.; *Schwall* (2001) S. 30 ff.
[14] Eigene Darstellung, in Anlehnung an *Unterkofler* (1989) 37; *Klandt* (2006) S. 53 f.
[15] Vgl. *Pfirrmann et al.* (1997) S. 13; *Mendrzyk* (1999) S. 65. Auf eine detaillierte Erläuterung der einzelnen Phasen wird verzichtet, da dies für das Ziel der vorliegenden Untersuchung nicht notwendig ist, vergleiche dazu *Pfirrmann et al.* (1997) S. 11 ff.
[16] Vgl. *Szyperski/Nathusius* (1977) S. 31 f.

2.1.2. Flexibilität und Dynamik

Wachstumsunternehmen weisen in der Regel besonders in den Frühphasen der Unternehmung eine Personengleichheit von Management und Eigentümern sowie flache hierarchische Strukturen auf.[17] Des Weiteren besitzen gerade junge Unternehmen einen geringen Anteil an materiellen Vermögensgegenständen, die mit dem Fortschreiten der Unternehmung ausgebaut werden.[18]

Dadurch ist es Wachstumsunternehmen möglich, auf veränderte Rahmenbedingungen, z.B. in Form von gesetzlichen Änderungen und technologischen Entwicklungen, zumeist schneller und flexibler zu reagieren als Unternehmen mit komplexen Organisationsstrukturen und einem hohen Anteil an Fixkosten.[19]

Neben der Flexibilität in Bezug auf exogene Einflussfaktoren müssen junge Wachstumsunternehmen, um Wettbewerbsvorteile am Markt realisieren zu können und sich dauerhaft am Markt zu etablieren, eine hohe Kreativität und Innovationsfähigkeit aufweisen.[20] Die Dynamik entsteht somit durch die besondere Unternehmensstruktur und die Notwendigkeit sich am Markt durchzusetzen.[21]

2.1.3. Überproportionales Wachstum

Die Einschätzung, ob das Wachstum eines Unternehmens als überproportional zu betrachten ist, hängt grundsätzlich von dem jeweiligen Bezugssystem ab.[22] Dabei können als Wachstumskennzahlen verschiedene Größen herangezogen werden, wie Anlagevermögen, Jahresergebnis, Umsatzerlöse sowie Wertschöpfung.[23] Allerdings existiert in der Literatur keine Einheitlichkeit über die quantitativen Größen, wann ein Unternehmen anhand der Kennzahlen als wachstumsstark zu betrachten ist, sondern die Einstufung erfolgt vielmehr unter subjektiver Einschätzung einzelner bzw. kombinierter Wachstumsindikatoren.[24] Ferner merken *Rudolf/Witt(2002)* an, dass Wachstumsunternehmen grundsätzlich nicht nur nach der historischen Entwicklung zu definieren sind, sondern auch zukünftige Wachstumspotentiale beinhalten sollten, um die Definition von Wachstumsunternehmen zu erfüllen.[25]

---

[17] Vgl. *Szyperski/Nathusius* (1977) S. 51 f.; *Struck* (1999) S. 296 ff.
[18] Vgl. *Schwall* (2001) S. 44.
[19] Vgl. *Achleitner/Nathusius* (2004) S. 5.
[20] Vgl. *Hayn* (2000) S. 19; *Laub* (1991) S. 23 ff.; *Unterkofler* (1989) S. 113.
[21] Vgl. *Hayn* (2000) S. 20.
[22] Vgl. *Küting* (1980) S. 64 ff.
[23] Vgl. *Küting* (1980) S. 64 ff.
[24] Vgl. *Hayn* (2000) S. 21; *Schubert/Küting* (1981) S. 43; *Schwall* (2001) S. 51 f.
[25] Vgl. *Rudolf/Witt* (2002) S. 21.

Achteiter/Nathusius(2004) führen dabei auf, dass ein Zusammenhang zwischen hohem Wachstum und dem Innovationsgrad eines Unternehmens besteht.[26] Dagegen können imitierende Gründungen wie Zahnarztpraxen und Rechtsanwaltskanzleien meistens nur einen geringen Innovationsgrad und folglich ein geringes Wachstum verzeichnen.[27]

Für den praktischen Ansatz, inwieweit ein Unternehmen ein überproportionales Wachstum aufweist, soll der praktische Vorschlag von *Hayn(2000)* sowie *Solbach(1999)* herangezogen werden. Dazu schlägt *Hayn* vor, die Wachstumsgrößen und insbesondere den Umsatz ins Verhältnis der gesamten Branche zu setzen.[28] Dadurch wird das Wachstum des Unternehmens mit dem Wachstum der Branchenunternehmen verglichen. *Solbach* erweitert diesen Vorschlag um die Betrachtung der Investitionsausgaben des Unternehmens im Vergleich zu der Branche.[29] Dabei wird argumentiert, dass Unternehmen während des Wachstumsprozesses höhere Investitionen im betrieblichen Leistungserstellungsprozess (zum Beispiel: Sachanlagen, Forschungs- und Entwicklungs-Kosten (FuE), Vertriebskosten) aufweisen als bereits etablierte Unternehmen.[30]

2.1.4. Erhöhtes Risiko

Aus den bisherigen Darstellungen ergeben sich für die Bewertung von Wachstumsunternehmen zwei wesentliche Problematiken. Einerseits sind die bestehenden Vergangenheitsdaten des Wachstumsunternehmens in der Regel (i.d.R.) nur begrenzt geeignet, um zukünftige Unternehmensentwicklungen vorherzusagen.[31] Andererseits sind die zukünftigen Entwicklungen des Unternehmens aufgrund der Dynamik nur schwer prognostizierbar und durch Ungewissheit bezüglich zukünftiger Umweltkonstellationen geprägt.[32] *Bamberg/Coenenberg (2008)* stellen den Zusammenhang zwischen Ungewissheit und Risiko folgendermaßen dar: Ungewissheit unterscheidet sich vom Risiko dadurch, dass beim Risiko die Wahrscheinlichkeiten für das Eintreten der verschiedenen Zustände bekannt ist.[33]

Da Unternehmen generell nicht unter Sicherheit, sondern unter Unsicherheit der zukünftigen Entwicklungen agieren und unternehmerische Entscheidungen unter Risikoabwägungen zu treffen sind, kann Unsicherheit als eine Voraussetzung von Risiko betrachtet werden. Im

---

[26] Vgl. *Achleitner/Nathusius* (2004) S. 3 f.
[27] Vgl. *Achleitner/Nathusius* (2004) S. 3.
[28] Vgl. *Hayn* (2000) S. 21 f.
[29] Vgl. *Solbach* (1999) S. 202 f. Aus praktischer Sicht ist dies aber sehr aufwendig, da die historischen Investitionsquoten der einzelnen Unternehmen der Branche ermittelt werden müssen. Daher wird im weiteren Teil der Untersuchung darauf verzichtet.
[30] Vgl. *Solbach* (1999) S. 202 f.; *Freier* (2000) S. 119 ff.
[31] Vgl. *Achleitner/Nathusius* (2004) S. 6; *Gompers/Lerner* (2001) S. 23; *Knecht* (2003) S. 45 f.
[32] Vgl. *Schwall* (2001) S. 68.
[33] Vgl. *Bamberg et al.* (2008) S. 19.

weiteren Verlauf der Untersuchung soll daher eine synonyme Verwendung der Begriffe Ungewissheit und Risiko vorgenommen werden.

Die Risiken, welchen Wachstumsunternehmen insbesondere ausgesetzt sind, sollen im Folgenden kurz dargestellt werden:[34]

Wachstumsunternehmen können höhere Insolvenzrisiken aufweisen, wenn keine bzw. geringe Produktdiversifikationen bestehen, sodass der Erfolg der Unternehmung vom Erfolg weniger Produkte und der jeweiligen Marktentwicklung abhängt.

Zumeist weisen Wachstumsunternehmen ein erhöhtes finanzwirtschaftliches Risiko aufgrund einer geringen Ausstattung an finanziellen Ressourcen in Verbindung mit (i.V.m.) einem hohen Kapitalbedarf auf. Damit verbunden ist ein erhöhtes Risiko für das Gesamtunternehmen bei der Entwicklung (technisches Risiko) und Implementierung (Absatzrisiko) von Produkten am Markt.

In der Regel verfügen Wachstumsunternehmen gerade in den Anfangsjahren nur über eine geringe Markt- und Produkterfahrung, sodass damit einhergehende Risiken unterschätzt werden können. Folglich ergibt sich aus der kurzen wirtschaftlichen Existenz zumeist auch eine schwache Positionierung am Markt gegenüber Kunden und Lieferanten.

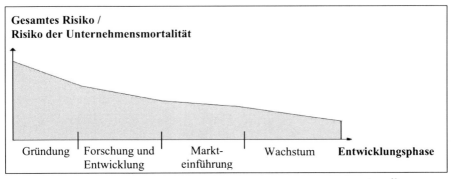

Abbildung 2 Idealtypische Entwicklung der Risiken von Wachstumsunternehmen[35]

Das erhöhte Gesamtrisiko konnte auch in empirischen Untersuchungen bestätigt werden, wonach die Unternehmensmortalität bei jungen Unternehmen um ein mehrfaches höher ist als bei etablierten Unternehmen.[36]

---

[34] Vgl. *Schwall* (2001) S. 68 ff.; *Harhoff/Woywode* (1994) S. 111 f.; *Aldrich/Auster* (1986) S. 179 ff.; *Hayn* (2000) S.27 ff.; *Mendrzyk* (1999) S. 65; *Irmler* (2005) S. 25 f.; *Grisebach* (1989) S. 33.
[35] In Anlehnung an *Schwall* (2001) S. 72.
[36] Vgl. *Harhoff/Woywode* (1994) S. 110 ff. für einen detaillierten Überblick über die empirischen Studien.

2.2. Realoptionsansatz

Wachstumsunternehmen unterliegen im besonderen Maße einer dynamischen Entwicklung mit einer hohen Unsicherheit bezüglich der zukünftigen Entwicklung.[37] Dabei entstehen im Laufe der Unternehmung Möglichkeiten, bestimmte Entwicklungspfade zu wählen, die meist zum aktuellen Zeitpunkt noch nicht bekannt sind.[38] Dem Unternehmen steht es jedoch zumeist frei, die gewählten Pfade zu verlassen. Auf diese Weise können mehrstufige Forschungs- und Entwicklungsprojekte nach jeder Stufe auf die Rentabilität des Gesamtprojektes geprüft werden und gegebenenfalls abgebrochen werden mit dem Vorteil, Folgekosten des Projektes zu vermeiden und lediglich das bis dahin investierte Kapital zu verlieren.[39] Damit ergibt sich für das Management die Möglichkeit wertmaximierende Entscheidungen zu treffen.[40] Die Entwicklungsmöglichkeiten können dabei alle Funktionsbereiche des Unternehmens betreffen.

Daher können zum Teil (z.T.) weitreichende Handlungsspielräume entstehen, welche auch als strategisch-dynamische Freiheitsgrade bezeichnet werden.[41]

Daraus lassen sich die hohen Unsicherheiten und die Dynamiken, mit denen Wachstumsunternehmen konfrontiert werden, als Chancen auf zukünftige positive, finanzielle Entwicklungen interpretieren.[42]

Die Handlungsspielräume können hierbei als realwirtschaftliche Optionsrechte (Realoptionen) des Managements betrachtet werden, die dem Inhaber das Recht, aber nicht die Pflicht einräumen, diese auszuüben.[43]

Der Vergleich von Unternehmenswertbestimmung durch Ertragswertverfahren, wie z.B. DCF-Verfahren und durch Realoptionen, kann nach *Trigeorgis(2000)* folgendermaßen hergestellt werden:[44] Aufgrund der fehlenden Berücksichtigung von Reaktionen des Managements auf positive sowie negative Entwicklungen kann beim DCF-Verfahren eine symmetrische Verteilung möglicher Realisationen des Unternehmenswertes angenommen werden.[45] Dage-

---

[37] Vgl. Abschnitt 2.
[38] Vgl. *Schäfer/Schässburger* (2001) S. 99.
[39] Vgl. *Hommel/Lehmann* (2001) S. 114.
[40] Vgl. *Meyer* (2006) S. 3.
[41] Vgl. *Löhr/Rams* (2000) S. 1983.
[42] Vgl. *Achleitner/Nathusius* (2004) S. 110, *Rudolf/Witt* (2002) S. 263 f.
[43] Vgl. *Myers* (1977) S. 163; *Müller* (2003) S. 63 f.
[44] Vgl. *Trigeorgis* (2000) S. 1 ff, und S. 122; *Liebler* (1996) S. 65.
[45] Es soll hier angemerkt werden, dass die Unterstellung von Trigeorgis lediglich auf die Ermittlung eines Wertes durch das DCF-Verfahren unterstellt, mit geringen Veränderungen der Parameter in Sensitivätsanalysen um den ermittelten Ertragswert. Daher ist die Abweichung vom dem ermittelten Wert eher gering. Durch weitere Prognoseverfahren ist es durchaus möglich eine größere Spanne an Unternehmenswerten zu ermitteln. Vgl. *Hommel/Lehmann* (2001) S. 116 f., *Hayn* (2000) S. 285 ff., sowie insbesondere die Szenario-Technik, *Hayn* (2000) S. 341 ff.

gen entsteht durch die Berücksichtigung der Handlungsspielräume, welche stets dann ausgeübt werden, wenn ein positiver Wertbeitrag möglich wird (*upside potential*[46]), eine asymmetrische, rechtsschiefe Wahrscheinlichkeitsverteilung möglicher Realisationen des Unternehmenswertes.[47] Somit kann der Unternehmenswert mit Berücksichtigung von Handlungsspielräumen folgendermaßen dargestellt werden: [48]

Erweiterter DCF-Wert = Statischer DCF-Wert + Handlungsspielraum/„Options Premium" (2.1)

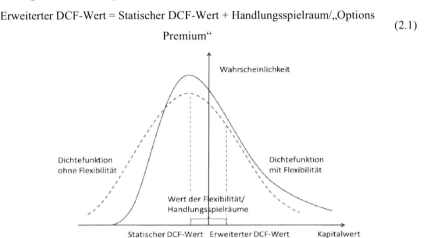

Abbildung 3 Wertebeitrag von Flexibilität/Handlungsspielräumen[49]

Die Handlungsflexibilität spielt daher eine wichtige Rolle bei der Bestimmung des Unternehmenswertes bei Wachstumsunternehmen.[50]

2.2.1. Realoptionen

2.2.1.1. Überblick über die Realoptionsarten

Grundsätzlich existiert im Unternehmen eine Vielzahl von Situationen, in denen Handlungsspielräume als Realoptionen charakterisiert werden können. Dementsprechend existiert in der Literatur eine heterogene Meinung bezüglich der Formen und Ausprägungen von möglichen Realoptionen.[51] Abbildung 4 zeigt dabei eine Möglichkeit zur Strukturierung von Realoptionen.

---

[46] Vgl. *Trigeorgis* (2000) S. 122.
[47] Vgl. *Ritchken/Rabinowitz* (1988) S. 121; *Schäfer/Schässburger* (2001) S. 91; *Trigeorgis* (2000) S. 122.
[48] Vgl. *Bucher et al.* (2002) S.780; *Trigeorgis* (2000) S. 121.
[49] In Anlehnung an *Trigeorgis* (2000) S. 123; *Schwall* (2001) S. 186.
[50] Vgl. *Rams* (1998) S. 680; *Bucher et al.* (2002) S. 785.
[51] Für weitere Charakterisierungen vergleiche u.a. *Crasselt/Tomaszewski* (1999) S.556 f. unterscheidet nach Aufschub-, Änderungs-, Abbruch- und Wachstumsoptionen; *Hommel/Mueller* (1999) S. 179 unterscheidet lediglich nach Lern-, Wachstums-, und Versicherungsoptionen.

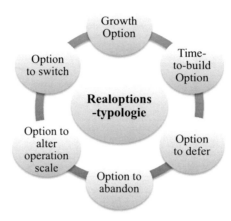

Abbildung 4 Überblick über die Realoptionsarten[52]

Eine *Growth Option*[53] (Wachstumsoption) liegt immer dann vor, wenn sich aus einer Investition weitere Folgeinvestition eröffnen. Dabei sind die Investitionsaktivitäten, die zu Folgeinvestitionen führen, durch Mittelabflüsse gekennzeichnet ohne einen direkt zuordnungsbaren Mittelrückfluss. Dies ist beispielsweise der Fall, wenn Marktkenntnisse aufgebaut werden müssen, um anschließend eine Ausweitung des Produktes im Markt zu ermöglichen.

Bei der *Time-to-build Option*[54] (Ausstiegsoption) wird es dem Management ermöglicht, ein Investitionsprojekt durch Meilensteine in mehrere Phasen aufzuteilen. Dabei ist es den Optionsinhabern durch fortschreitenden Informationsstand möglich, die Vorteilhaftigkeit des Projektes vor jedem Meilenstein neu zu bewerten.[55] Darauf aufbauend kann entschieden werden, ob das Projekt fortgeführt oder abgebrochen wird.

Die *Option to defer*[56] (Verzögerungsoption) räumt dem Management die Möglichkeit ein, solange die Durchführung einer geplanten Investition zu verschieben, bis gewisse Ereignisse eintreffen. Diese Optionen können dabei durch die Aufschiebung des Investitionszeitpunktes zur Verringerung des Investitionsrisikos führen.[57] Dies ist beispielsweise der Fall, wenn Unternehmen Grundstücke erwerben, um zu einem späteren, vorteilhaften Zeitpunkt die

---

[52] Eigene Darstellung in Anlehnung an *Trigeorgis* (2000) S. 2 f.
[53] Vgl. *Myers* (1977) S. 149 ff.; *Meise* (1998) S. 111 f.
[54] Vgl. *Majd/Pindyck* (1987) S. 7 ff.; *Trigeorgis* (2000) S. 10.
[55] Vgl. *Trigeorgis* (2000) S. 11.
[56] Vgl. *Trigeorgis* (2000) S. 10; Hommel/Pritsch (1999) S. 126.
[57] Vgl. *Trigeorgis* (2000) S. 10.

Produktionskapazitäten auf dem erworbenen Grundstück zu erweitern. Die Kosten der Option spiegeln sich dabei in den Aufwendungen im gebundenen Kapital für die Vorinvestition wider. Zusätzlich entstehen aufgrund der Wartezeit Opportunitätskosten für das nicht genutzte Kapital.[58]

Die *Option to abandon*[59] (Abbruch- oder Ausstiegsoption) bezeichnet die Möglichkeit, bei Verschlechterung der Situation eine bereits getätigte Investition abzubrechen. Diese Möglichkeit wird immer dann in Betracht gezogen, wenn ein Abbruch weniger negativ ist als der Barwert der zu erwartenden Cash-Flows aus der Fortführung der Investition. Diese Option ist vor allem bei kapitalintensiven Branchen und Projekten von Relevanz.

Option to alter operation scale[60] (Kapazitätsoption) wird als Option verstanden, die Kapazitäten zu variieren. Diese Option ist vor allem bei Märkten mit starken konjunkturellen und saisonalen Schwankungen relevant. Dabei sind die Veränderungen der Kapazitäten flexibel, sodass Produktionsmengen in einem gewissen Bereich nach Bedarf verändert werden können.[61] Im Gegensatz dazu können Wachstums- und Abbruchoptionen nur zwei Zustände annehmen: durchführbar oder nicht durchführbar.

Durch eine *Option to switch*[62] (Umstelloption) besitzt das Management die Möglichkeit, zwischen verschiedenen Inputs und Outputs zu wechseln. Damit ist zum einen gemeint, dass durch Produktionsflexibilität Inputfaktoren variiert werden können ohne den Output zu verändern.[63] Beispielsweise können Kraftwerke nach Marktlage zwischen den unterschiedlichen Brennstoffarten wählen.
Zum anderen ist es bei flexiblen Produktionsprozessen bei gleichem Input möglich, eine Veränderung des Outputs zu erzeugen.[64] Hier liegt die Anwendung u.a. in Branchen mit volatilem Nachfrageverhalten.

2.2.1.2. Einsatz der Realoptionstheorie in der Unternehmenspraxis

Neben der theoretischen Darstellung der Realoptionsarten sollen im Folgenden ausgewählte Studien vorgestellt werden, welche als Untersuchungsgegenstand die praktische Relevanz von

---

[58] Vgl. *Walter* (2004) S. 151.
[59] Vgl. *Trigeorgis* (2000) S.12.
[60] Vgl. *Kulatilaka* (1995) S. 121 ff.
[61] Vgl. *Trigeorgis* (2000) S. 11.
[62] Vgl. *Trigeorgis* (2000) S. 13.
[63] Vgl. *Trigeorgis* (2000) S. 13.
[64] Vgl. *Trigeorgis* (2000) S. 13.

Handlungsspielräumen in Unternehmen haben sowie die Bewertung von Unternehmen mittels Realoptionsansatz.

Busby und *Pitts*[65] gingen in ihrer im Jahre 1997 veröffentlichten Studie der Frage nach, inwieweit Entscheidungsträger von britischen Aktienunternehmen sich des Vorhandenseins von Handlungsspielräumen bewusst sind und inwieweit diese als Realoptionen in der Praxis berücksichtigt bzw. bewertet werden.

Dabei konnten Busby und Pitts in ihrer Studie aufzeigen, dass die befragten Entscheidungsträger sich bewusst sind, dass mit Investitionen Handlungsspielräume verbunden sein können. Als relevanteste Realoptionsarten werden dabei die Wachstums- und Verzögerungsoptionen aufgeführt. Rund die Hälfte der Befragten (46- 54%) gab dabei an, dass Realoptionen in über 60% der Investitionsfälle entstehen.

Allerdings werden die durch die Investitionen entstehenden Realoptionen in den meisten Fällen (75-86%) nicht durch explizierte Analysemethoden bestimmt, sondern durch intuitive Bewertung der Flexibilität.

Die Notwendigkeit nach anwendbaren Bewertungsverfahren für die Quantifizierung von Realoptionen wurde dabei von der Hälfte der Teilnehmer bejaht.

Im Rahmen von Unternehmensbewertungen untersuchten *Achleitner, Zelger, Beyer* und *Müller* in ihrer 2004 veröffentlichten Studie den Einsatz von Bewertungsverfahren bei Venture-Capital-Gesellschaften, welche insbesondere junge Wachstumsunternehmen finanzieren.[66]

Die Befragung wurde dabei länderübergreifend für Deutschland, Schweiz und Österreich durchgeführt. Dabei wurde u.a. der Einsatz von fundamentalen Bewertungsverfahren untersucht, zu denen das Ertragswert-, DCF-Verfahren und der Realoptionsansatz gehören. Des Weiteren fand eine Differenzierung nach der Phase statt, in der sich das zu bewertende Unternehmen zum Bewertungszeitpunkt befand (Aufbauphase und Wachstumsphase). Die Studie kam zu folgenden Ergebnissen:

---

[65] Vgl. *Busby/Pitts* (1997) S. 169 ff. Zu ähnlichen Studien vergleiche *Howell/Jagle* (1997) S. 915 ff.
[66] Vgl. *Achleitner et al.* (2004) S. 701 ff.

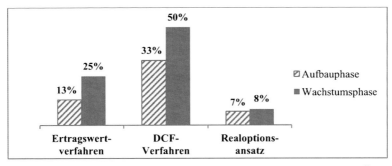

Abbildung 5 Unternehmensbewertungsverfahren bei Venture-Capital-Gesellschaften[67]

Als Ergebnis der Studie bleibt festzuhalten, dass Unternehmensbewertungen mit dem Realoptionsansatz sowohl in der Aufbauphase, als auch in der Wachstumsphase durchgeführt werden, allerdings nur in seltenen Fällen (in 7-8% der Fälle) im Vergleich zu dem DCF-Verfahren.[68] Die Gründe dafür sollen im Abschnitt 4.3 im Detail betrachtet werden.

In den nachfolgenden Abschnitten sollen die Eigenschaften von Realoptionen aufgezeigt sowie überprüft werden, in wie weit es möglich ist, Realoptionen mithilfe der Bewertungsverfahren von Finanzoptionen zu bestimmen.

2.2.2. Vergleich von Finanz- und Realoptionen

Generell ist eine Finanzoption als Vertrag definiert, welcher „[…] conveys the right, but not the obligation, on the purchaser to either buy [Call] or sell [Put] an underlying asset at some point in future time."[69]. Im Gegenzug verpflichtet sich der Verkäufer den Vermögensgegenstand zu einem bestimmten Preis (zu einem bestimmten Zeitpunkt) zu verkaufen und erhält dafür als Gegenleistung die Optionsprämie.[70]

Finanzoptionen können sowohl an der Börse als auch außerbörslich gehandelt werden und werden insbesondere für Aktien, Währungen und Aktienindizes angeboten.[71]

Ferner lassen sich Finanzoptionen nach dem möglichen Zeitpunkt der Fälligkeit differenzieren. Zu unterscheiden sind amerikanische Optionen, welche bis zur Fälligkeit jederzeit ausge-

---

[67] Vgl. *Achleitner et al.* (2004) S. 702.
[68] Weitere Studien bestätigen ebenfalls die geringe Bedeutung des Realoptionsansatzes bei der Unternehmensbewertung, vergleiche dazu *Peemöller et al.* (2001) S. 343.
[69] *McGrath/Nerkar* (2004) S. 2.
[70] Vgl. *Hull* (2011) S. 29 f.
[71] Vgl. *Brealey/Myers* (2003) S. 586 ff.; *Hull* (2011) S. 29.

übt werden können und europäische Optionen, welche erst am Fälligkeitstag selbst ausübbar sind.[72]

In Analogie zur Finanzoption wird eine Realoptions als „[...] the right, but not the obligation, to take an action [...] at a predetermined cost called the exercise price, for a predetermined period of time [...]."[73] definiert.

Die übereinstimmenden, konstitutiven Merkmale von Real- und Finanzoptionen lassen sich wie folgt darstellen:[74]

Flexibilität: Das Management besitzt das Recht, aber nicht die Pflicht, die sich aus den Realoptionen ergebenden Handlungsspielräume in der Zukunft tatsächlich durchzuführen. Daher besitzen sowohl Real- als auch Finanzoptionen ein asymmetrisches Risikoprofil.

Unsicherheit: Der Erfolg (Erfolgsgrad) der Investition ist zum Erwerbszeitpunkt der Option unbekannt und unterliegt somit einer Unsicherheit. Diese nimmt jedoch mit dem Zeitablauf, durch den Zugang zu neuen Informationen bezüglich der Investition, stetig ab.

Irreversibilität: Die getätigten Investitionsausgaben können nicht vollständig revidiert werden, sodass bei Abbruch der Handlungsoption die Ausgaben als *sunk costs*[75] betrachtet werden müssen.

Ferner ergeben sich folgende Analogien zwischen Real- und Finanzoptionen:

	Finanzoption	Realoption
Basiswert	Aktienkurs bzw. Wert des *Underlying*	Barwert der erwarteten Nettorückflüsse aus der Investition
Basispreis	Basispreis der Option	Barwert der Investitionsauszahlungen
Laufzeit	Laufzeit der Option	Zeitraum des Handlungsspielraumes
	Chance auf positive Entwicklung steigt mit der Laufzeit	
Volatilität	Aktienkursvolatilität	Renditeschwankungen der Netto-Rückflüsse aus der Investition
	Chance auf positive Entwicklung steigt mit der Volatilität (asymmetrische Risiko/Chance Struktur)	
Dividende	Dividende	Entgangene Cash Flows durch: Nichtausübung der Option, Eintritt von Konkurrenten

Tabelle 2 Analogien zwischen Finanz- und Realoptionen[76]

---

[72] Vgl. *Hull* (2011) S. 30.
[73] Vgl. *Copeland/Antikarov* (2003) S. 5.
[74] Vgl. *Mostowfi* (1997) S. 580; *Pritsch* (2000) S. 137 f.; *Schäfer/Schässburger* (2000) S. 587; *Trigeorgis* (2000) S. 122.
[75] Vgl. *Arnold* (2010) S. 446.

Neben den dargestellten Ähnlichkeiten von Finanz- und Realoptionen gibt es auch entscheidende Unterschiede, die die Übertragbarkeit von Modellen, die für Finanzoptionen entwickelt wurden, auf realwirtschaftliche Optionsrechte erschweren.

Problematik nicht exklusiv gehaltener Optionen
Finanzoptionen räumen dem Halter ein Exklusivitätsrecht auf die Option ein. Das bedeutet, dass das Recht aus einer Finanzoption ausschließlich dem Optionskäufer zusteht. Dagegen können einige Realoptionen auch durch Konkurrenten genutzt werden, sodass diese gerade *kollektiv* gehalten werden und nicht nur dem „Optionskäufer" zur Verfügung stehen.[77] Dies ist beispielsweise der Fall, wenn bei der Erschließung neuer Märkte keine Eintrittsbarrieren existieren oder Produkttechnologien zur freien Verfügung stehen. Hingegen existieren auch bei Realoptionen Möglichkeiten zur exklusiven Nutzung der Optionen, indem andere Teilnehmer davon ausgeschlossen werden. Diese Möglichkeit besteht, wenn beispielsweise Patente oder Grundstücksrechte erworben werden oder Produkte bzw. Dienstleistungen nicht substituierbar sind.

Die Auswirkung von nicht exklusiv gehaltenen Optionen kann indes eine stark negative Auswirkung auf den Wert der Option haben.[78] Wird beispielsweise eine kollektiv gehaltene Option zuerst vom Konkurrenten wahrgenommen, kann es die eigene Option in der Laufzeit, den Barwert der zukünftigen Cash-Flows und damit auch den Wert der Option verringern.[79] Die Vorhersage des Verhaltens der Marktteilnehmer und der daraus resultierende Einfluss auf den Wert der Option sind jedoch nur bedingt möglich.[80]

Problematik der (Nicht-) Handelbarkeit und (Nicht-) Beobachtbarkeit des Basispreises
Die bereits dargestellten Charakteristika von Realoptionen haben im Gegensatz zu Finanzoptionen die Besonderheit, dass diese sich aus Handlungsspielräumen ergeben und nicht einfach an einem Markt „gehandelt" werden können.[81] Die Möglichkeit Realoptionen zu handeln entsteht lediglich, wenn es sich um exklusive Optionen handelt, die die weiteren Teilnehmer von der Nutzung ausschließen. Handlungsspielräume, wie der Eintritt in neue Märkte, können daher wohl kaum an Dritte veräußert werden.[82]

---

[76] Eigene Darstellung, in Anlehnung an *Trigeorgis* (2000) S. 124 f.
[77] Vgl. *Trigeorgis* (2000) S. 128.
[78] Vgl. *Trigeorgis* (2000) S. 128.
[79] Vgl. *Walter* (2004) S. 145.
[80] Lösungsansätze zur Vorhersage der Reaktion von Wettbewerbern werden u.a. in der *Spieletheorie* behandelt. Vergleiche dazu u.a. *Dixit et al.* (2009).
[81] Vgl. *Trigeorgis* (2000) S. 128.
[82] Vorausgesetzt alle Marktteilnehmer besitzen die gleichen Markteintrittschancen.

Selbst bei einer gegebenen Handelbarkeit, beispielsweise bei Patenen und Grundstücken, entsteht das Problem, dass ein Marktpreis für die Realoption gefunden werden muss.[83] Zwar besteht die Möglichkeit den Wert dadurch zu ermitteln, dass durch die Duplikationsmethode ein möglichst perfekt korreliertes, börsennotiertes Portfolio den Wert der Realoption abbildet.[84] Die Identifizierung bzw. Nachbildung eines solchen Vermögensgegenstandes mit der entsprechenden Rendite-Risikostruktur kann jedoch in der Realität auf große praktische Schwierigkeiten stoßen.[85] Dabei ist auch der Basispreis keine fixierte Konstante, sondern eine stochastische Größe, die von zukünftigen ökonomischen Umweltbedingungen abhängt.[86] Dazu kann bei der Berücksichtigung eines unvollkommenen Marktes ein nicht unerheblicher Aufwand bei der Veräußerung einer Realoption entstehen.

Problematik der Interdependenzen und Folgeoptionen

Bei Finanzoptionen stellt der Wert des Basisinstruments, als Marktwert des Wertpapiers auf den sich die Option bezieht. Wenn das Basisinstrument ein börsennotiertes Wertpapier ist, dann lässt sich der Marktpreis eindeutig bestimmen. Realoptionen können hingegen Interdependenzen zu anderen Realoptionen aufweisen, was dazu führt, dass der Wert der Kaufoption verzerrt werden kann. Beispielsweise kann der Erfolg bzw. der Erfolgsgrad eines Forschung- und Entwicklungsprojektes vom Erfolgsgrad eines weiteren Forschung- und Entwicklungsprojektes abhängen und vice versa. Folglich kann es passieren, dass ein Verbund an Realoptionen nicht der Summe der Einzeloptionen entspricht.[87] Des Weiteren kann durch die Einzelbetrachtung der Realoptionen eine Ausübung einzelner Optionen unrentabel sein, durch die Berücksichtigung der Interaktion mit anderen Optionen aber durchaus sinnvoll erscheinen.[88]

Neben den gegenseitigen Abhängigkeiten kann sich der Wert einer Realoption in der Schaffung einer weiteren Realoption widerspiegeln. Solche *Growth Options* erschweren die Bemessung der Realoption, die als *payoff* lediglich eine weitere Option besitzen, sodass die Rentabilität der einzelnen Realoptionen nur im Verbund gemessen werden kann.[89]

Als Beispiel lassen sich FuE-Projekte in der Biotechnologiebranche nennen, welche erst die Voraussetzung für weitere Projekte bilden. Damit ergibt sich insgesamt eine höhere Komplexität bei der Bewertung von Realoptionen im Vergleich zu Finanzoptionen.

---

[83] Vgl. *Trigeorgis* (2000) S.128.
[84] Vgl. *Dixit et al.* (2009) S.117 ff.
[85] Vgl. *Meise* (1998) S. 85.
[86] Vgl. *Brunkhorst* (1999) S. 53.
[87] Vgl. *Trigeorgis* (2000) S. 129.
[88] Vgl. *Bucher et al.* (2002) S. 782; *Trigeorgis* (2000) S. 129.
[89] Vgl. *Trigeorgis* (2000) S. 129; *Meise* (1998) S. 98; Abschnitt 2.2.1.

2.2.3. Bewertung von Realoptionen

In diesem Abschnitt soll ein Überblick sowohl über die in der Wissenschaft am weitesten verbreiteten Optionspreismodelle als auch über deren Eignung für die Bewertung von Realoptionen in Unternehmen gegeben werden.[90]

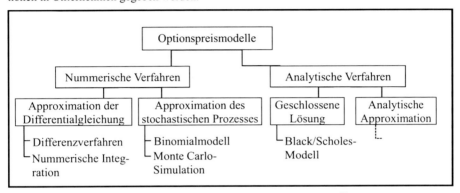

Abbildung 6 Optionsbewertungsverfahren im Überblick[91]

Im Rahmen der analytischen Verfahren werden konkrete Bewertungsformeln für bestimmte Probleme abgeleitet. Mit steigender Komplexität müssen dabei restriktive Annahmen für die Modelle abgeleitet werden, was oftmals zu starken Vereinfachungen der Realität führt.[92] Alternativ kann auch auf Näherungsverfahren zurückgegriffen werden. Der bekannteste Vertreter der geschlossenen Lösungsgleichungen zur Bewertung von europäischen Optionen ist das Modell von *Black/Scholes(1973)*.[93]

Die Eignung der geschlossenen Lösungen für Realoptionen ist indes nur beschränkt möglich. Die Modellannahmen, die zur Bewertung von europäischen Optionen auf Aktien getroffen werden, beinhalten dabei zu starke Restriktionen, um die Besonderheiten von Realoptionen zu berücksichtigen.[94] Die Erfassung der komplexen Realität in Bezug auf Realoptionen durch mathematische Gleichungssysteme ist daher kritisch zu betrachten.

Alternativ können auch numerische Verfahren herangezogen werden, um den Wert von Realoptionen durch Approximation zu ermitteln.[95] Dabei können zwei Verfahren unterschieden werden. Zum einen solche, die versuchen durch partielle Differentialgleichungen die

---

[90] Da es für das Ziel der vorliegenden Untersuchung nicht notwendig ist, wird im Folgenden auf eine detaillierte Darstellung der analytischen Bewertungsverfahren sowie des Lattice-Ansatzes verzichtet.
[91] Eigene Darstellung in Anlehnung an *Hommel/Lehmann* (2001) S. 124; *Pritsch* (2000) S. 155.
[92] Vgl. *Hommel/Lehmann* (2001) S. 124.
[93] Vgl. *Black/ Scholes* (1973) S. 637 ff.; *Hull* (2011) S. 364 ff.
[94] Vgl. *Hommel/Lehmann* (2001) S. 125; vergleiche dazu auch Abschnitt 3.1.
[95] Vgl. *Schwall* (2001) S. 204; *Walter* (2004) S. 153.

Wertentwicklung der Option zu approximieren.[96] Zum anderen solche, die versuchen durch die Approximation von stochastischen Prozessen den Wert der Option zu bestimmen. Da das erstere Verfahren jedoch hohe mathematische Anforderungen mit sich bringt, ist die praktische Verwendung dieser Methode für die Realoptionsbewertung in Frage zu stellen.[97]

Zum zweiten Verfahren zählen u.a. das Lattice-Verfahren sowie die Monte-Carlo-Analyse.[98] Beim Lattice-Verfahren wird der Prozess der Wertveränderung des Basisinstruments durch einen *Lattice-Baum* abgebildet. Die bekannteste Variante des Lattice-Verfahrens stellt dabei das Binomialmodell von *Cox/Ross/Rubinstein* dar.[99] Dabei kann die Entwicklung einer Option als ein zeit- und zustandsdiskreter, multiplikativer Binomialprozess mit zwei möglichen Wahrscheinlichkeitsausprägungen abgebildet werden.[100] Durch Zuordnung von Wertentwicklungen zu jedem Zeitintervall lässt sich ausgehend vom Ende der Laufzeit, rekursiv der Wert der Option berechnen.[101] Als Vorteile des Binomialmodells lassen sich vor allem eine einfache Verständlichkeit sowie Anwendbarkeit nennen als auch eine hohe Transparenz bei der Bewertung. Als wesentlicher Nachteil ist zu nennen, dass bei steigender Komplexität der Realoptionsstruktur und steigendem Bewertungszeitraum die Modellierung des Binomialbaumes sehr aufwendig oder sogar unmöglich werden kann.[102]

Die Monte-Carlo-Simulation, welche als numerische Lösung der Optionsbewertung herangezogen werden kann, soll im Abschnitt 3.2 im Detail vorgestellt werden.

Aufgrund der komplexen Eigenschaften von Realoptionen, sowie der beschränkten Übertragbarkeit der Finanzoptionsbewertungsmodelle auf Realoptionen, soll im Hauptteil der Untersuchung das *Schwartz/Moon-Modell* zu Bewertung von Wachstumsunternehmen vorgestellt werden. Dabei werden die Handlungsspielräume von Wachstumsunternehmen auf eine der Optionspreistheorie ähnlichen Art berücksichtig, ohne die Realoptionen explizit zu bewerten.

---

[96] Vgl. *Trigeorgis* (2000) S. 312.
[97] Vgl. *Hommel/Lehmann* (2001) S. 125.
[98] Vgl. *Hommel/Lehmann* (2001) S. 125 f.; *Schwall* (2001) S. 204 f.
[99] Vgl. *Cox et al.* (1979) S. 229 ff.
[100] Vgl. *Achleitner/Nathusius* (2004) S. 81 f. und 86; *Cox et al.* (1979) S. 229 ff.
[101] Vgl. *Müller* (2003) S. 71.
[102] Vgl. *Achleitner/Nathusius* (2004) S. 83 und 88.

3. Modell von Schwartz und Moon

3.1. Unternehmensbewertung durch Realoptionen

Im Financial Analysts Journal aus dem Jahr 2000 stellen Schwartz und Moon unter dem Titel „Rational Pricing of Internet Companies"[103] ein innovatives Bewertungsmodell vor, um die bis dato in der Literatur kontrovers diskutierte Frage nach der möglichst rationalen Bewertung von Internetfirmen[104] neu zu betrachten.[105] Im Fokus der Untersuchung von Schwartz/Moon stehen dabei Unternehmen, welche im Wesentlichen die Charakteristika von Wachstumsunternehmen erfüllen.[106] Insbesondere sind hier die Aspekte des überdurchschnittlichen Wachstums, der Dynamik und des erhöhten Risikos zu nennen, die einem Wachstumsunternehmen die Möglichkeit einräumen, Handlungsspielräume als Chance für zukünftige, positive Entwicklungsmöglichkeiten zu nutzen.[107] Dabei werden nicht die einzelnen Realoptionen bewertet,[108] sondern das Modell weist stattdessen in Bezug auf die Wertentwicklungen Charakteristika von Realoptionstheorien auf.[109]

Schwartz und Moon charakterisieren dabei einzelne Werttreiber, aus denen zugleich die Unsicherheit bezüglich der zukünftigen Entwicklung herrührt, die für die Erfassung des Unternehmenswertes ausschlaggebend sind. Nach Schwartz und Moon sind die konkreten Werttreiber die Umsatzentwicklung,[110] die Wachstumsrate des Umsatzes[111] und die variablen Kosten.[112] Die Unsicherheit bezüglich der Werttreiber wird durch stochastische Prozesse modelliert.

Auf Grundlage einer Monte-Carlo-Simulation entsteht durch die Generierung einer hohen Anzahl an Szenarien, welche die möglichen zukünftigen Entwicklungen von Wachstumsunternehmen abbilden, ein Wahrscheinlichkeitsraum von Unternehmenswerten.[113] Damit soll vor allem eine Verbesserung der Bewertung gegenüber dem traditionellen DCF-Verfahren erreicht werden, das nur ein Szenario liefert.[114]

---

[103] Vgl. *Schwartz/Moon* (2000) S. 62 ff.
[104] Damit sind vor allem junge und innovative Internet und Biotechnologie Unternehmen gemeint, die Ende der 90er Jahre an die Börse gingen.
[105] Im Fokus der Untersuchung steht das von Schwartz und Moon erweiterte Modell, das im Jahr 2001, in der *Financial Review* veröffentlicht wurde. Vergleiche *Schwartz/Moon* (2001) S. 7 ff.
[106] Vgl. dazu Abschnitt 2.
[107] Vgl. dazu Abschnitt 2.2.1.
[108] Es ist auch grundsätzlich zu hinterfragen, ob die Erfassung aller möglichen Realoptionen eines Unternehmens, aufgrund der Komplexität und zukünftigen Ungewissheit überhaupt möglich ist.
[109] Vgl. dazu Abschnitt 3.4; 3.13.2.
[110] Vgl. dazu Abschnitt 3.4.
[111] Vgl. dazu Abschnitt 3.5.
[112] Vgl. dazu Abschnitt 3.6.
[113] Vgl. *Hengartner/Theodorescu* (1978) S. 11; vergleiche Abbildung 7.
[114] Vgl. dazu Abschnitt 2.2.

Die Modellierung der Bewertung ermöglicht es, aufgrund der approximativen, numerischen Berechnung komplexe Zusammenhänge und Interdependenten von verschiedenen Parametern und Variablen herzustellen. Dies ist mittels traditionellen Optionsbewertungsverfahren, wie beispielsweise dem Ansatz von Cox/Ross/Rubinstein oder Black/Scholes-Modell, nur sehr eingeschränkt möglich ist.[115]

Der Modellansatz verdeutlicht außerdem, dass Wachstumsunternehmen einen Optionscharakter aufweisen. Dabei wird von Schwartz und Moon aufgezeigt, dass sich der Wert eines Wachstumsunternehmens durch zunehmende Erwartungsunsicherheit analog zu (Finanz-/Real-)Optionen erhöht.[116]

Im Vergleich zum DCF-Verfahren erfolgt die Risikoberücksichtigung nicht über einen risikoadjustierten Diskontierungssatz, sondern bei der Berechnung der Cash-Flows mittels einer risikoneutralen Bewertung analog der Bewertung von Finanzoptionen.[117]

Im Folgenden sollen die zentralen Bestandteile des Modells von Schwartz/Moon detailliert untersucht werden.

3.2. Monte-Carlo-Simulation

„Bei der Monte-Carlo-Methode handelt es sich um ein numerisches Verfahren, bei dem zuerst ein einem gegebenen Problem angepasstes stochastisches Modell aufgestellt wird und dann die entsprechenden Zufallsgrößen mit Hilfe von Zufallszahlen simuliert werden."[118]

Durch die Simulation von generierten Zufallszahlen können Rückschlüsse auf das Eintreten bestimmter Ereignisse in unterschiedlichen Umweltsituationen gezogen werden.[119] Dies kann besonders bei komplexen Zusammenhängen der Fall sein, für die auf dem analytischen Wege keine Lösung gefunden werden kann.[120] Die Monte-Carlo-Simulation bedient sich der Grundidee, dass die Rückschlüsse umso sicherer sind, je mehr Beobachtungen zur Verfügung stehen.[121] Die Bestimmung eines Unternehmenswertes mithilfe der Monte-Carlo-Simulation sieht folgendermaßen aus:

Für die Wertbestimmung werden zunächst die unsicheren Variablen bzw. Werttreiber der Option bestimmt. Darauf aufbauend werden für diese durch Wahrscheinlichkeitsverteilungen die zukünftigen Entwicklungsmöglichkeiten unter Zuhilfenahme von theoretischen Annah-

---

[115] Vgl. dazu Abschnitt 2.2.2., *Hommel/Pritsch* (1999) S. 130.
[116] Vgl. dazu Abschnitt 4.2.2.
[117] Vgl. dazu Abschnitt 3.13.2 und 3.13.
[118] *Hengartner/Theodorescu* (1978) S. 11.
[119] Vgl. *Poddig et al.* (2003) S. 167.
[120] Vgl. *Poddig et al.* (2003) S. 167.
[121] Vgl. *Poddig et al.* (2003) S. 167.

men oder empirischen Schätzungen spezifiziert.[122] Basierend auf den Daten werden Entwicklungspfade des zukünftigen Cash-Flows durch Simulationen approximiert.[123] Für jeden definierten Einflussparameter werden dabei, durch die festgelegten Wahrscheinlichkeitsverteilungen, die resultierenden Kombinationen an Cash-Flows ermittelt und daraus der Kapitalwert bestimmt.[124] Durch eine genügend hohe Anzahl an Simulationsdurchläufen entsteht eine Häufigkeitsverteilung der simulierten Ergebnisse, die wiederum Rückschlüsse auf deren Wahrscheinlichkeitsverteilung liefern.[125] Somit wird nicht ein Ergebnis geliefert, sondern ein Wahrscheinlichkeitsraum, wie in Abbildung 7 dargestellt.

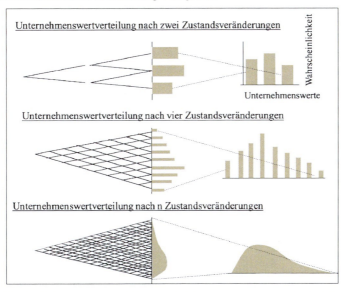

Abbildung 7 Unternehmenswertverteilungen in Abhängigkeit der Zustandsveränderungen[126]

Die Vorteile, welche sich durch die Simulationen von stochastischen Prozessen ergeben, sind u.a. die Möglichkeit, das Modell auszubauen und somit komplexe und vergleichsweise wirklichkeitsnahe Entwicklungen abzubilden.[127] Jedoch birgt dieses Verfahren auch Nachteile, wenn keine Wahrscheinlichkeitsverteilungen der Werttreiber ermittelt werden können.[128] Durch die individuelle Modellierung der Werttreiber, entsteht im Vergleich zu geschlossenen Bewertungsverfahren wie dem *Black/Scholes*-Modell ein entsprechend hoher Aufwand zur

---

[122] Vgl. *Hommel/Lehmann* (2001) S. 117.
[123] Vgl. *Hommel/Lehmann* (2001) S. 117.
[124] Vgl. *Hommel/Lehmann* (2001) S. 117.
[125] Vgl. *Poddig et al.* (2003) S. 167.
[126] In Anlehnung an *Amram/Kulatilaka* (1999) S. 114.
[127] Vgl. *Hommel/Lehmann* (2001) S. 117.
[128] Vgl. *Perridon/Steiner* (1999) S. 122 f.

Nachvollziehbarkeit der Modelle und der Zusammenhänge. Des Weiteren kann sich der Wahrscheinlichkeitsraum der Ergebnisse derart groß und unscharf entwickeln, dass keine verlässlichen Aussagen bezüglich der konkreten Ergebnisse resultieren.

3.3. Freie Cash-Flows

Ein zentraler Aspekt im Rahmen der Unternehmensbewertung ist die Ermittlung der Zahlungsmittel, die im Zuge der Unternehmung generiert wurden und den Kapitalgebern zur Verfügung stehen. Analog zu der Unternehmensbewertung nach dem DCF-Verfahren werden die freien Cash-Flows herangezogen, die als erfolgswirtschaftliche Umsatzüberschüsse der Unternehmung an die Eigner ausgeschüttet werden oder den Kassenbestand erhöhen.[129] Die freien Cash-Flows stehen dabei sowohl Fremd- als auch Eigenkapitalgebern zur Verfügung, da weder Fremdkapitalzahlung noch Finanzierung bei der Ermittlung berücksichtigt sind.[130] Aus diesem Grund ist die Kapitalstruktur des Unternehmens für die Ermittlung der freien Cash-Flows nicht relevant.

Die Berechnung des freien Cash-Flows kann auf unterschiedliche Weisen erfolgen, was aus theoretischer Sicht zum gleichen Ergebnis führen sollte. Im Modell von Schwartz und Moon erfolgt die Ermittlung der freien Cash-Flows implizit über ein vereinfachtes Ermittlungsschema, welches in der unten stehenden Tabelle dargestellt ist.[131]

Komponente	Modellierung
Umsatzerlöse	Stochastischer Prozess für das Umsatzwachstum
./. Kosten	Konstante fixe Kosten, stochastische Modellierung der variablen Kosten
=EBITDA	
./. Abschreibungen	Als fixer Anteil des Anlagenvermögens
=EBIT	
./. Steuern	In Abhängigkeit von Verlustvorträgen
=Gewinn nach Steuern	
+ Abschreibungen	wie oben aufgeführt
./. Investitionsausgaben	Als fixer Anteil der Umsatzerlöse
= Freier Cash-Flow	

Tabelle 3 Indirekte Ermittlung des freien Cash-Flows[132]

---

[129] Vgl. *Coenenberg/Schultze* (1998) S. 271 ff.; *Rappaport* (1999) S.40 f.
[130] Vgl. *Großfeld* (2002) S. 162 f.
[131] Zu den weiteren Möglichkeiten zur Ermittlung des freien Cash-Flows vergleiche *Hasler* (2011) S. 183 f.
[132] Eigene Darstellung, in Anlehnung an *Meyer* (2006) S. 42.

3.4. Umsatzentwicklung

Als ein wichtiges und gleichzeitig unsicheres Kriterium für die mögliche Unternehmensentwicklung werden im Modell die zukünftigen antizipierbaren Umsatzerlöse zum Zeitpunkt t bestimmt.[133] Die Umsatzerlöse $R(t)$ (Revenue) werden dabei, analog zur Modellierung von Aktienkursentwicklungen bei dem Black/Scholes-Optionspreismodell, durch den stochastischen Prozess einer *geometrischen Brown'schen Bewegung* modelliert.[134] Dabei wird: „[…] die Wertentwicklung einer unsicheren Variablen in Abhängigkeit von der Zeit und von vorhergehenden Werten auf der Grundlage von wahrscheinlichkeitstheoretischen Gesetzen ermöglicht."[135] Grundsätzlich kann zwischen einer systematischen und zufälligen Komponente unterschieden werden. Bei der systematischen Komponente, die auch als deterministisches Glied bezeichnet werden kann, wird das Wesentliche einer Zeitreihe, beispielsweise der Drift, beschrieben.[136] Dahingegen beschreibt die zufällige Komponente, welche auch als stochastisches Glied bezeichnet werden kann, die Abweichung vom erklärten Teil der Zeitreihe.[137] Mit dem *Itô-Prozess*[138] wird folgende stochastische Differentialgleichung der geometrischen Brown'schen Bewegung modelliert:

$$\frac{dR(t)}{R(t)} = \mu(t)dt + \sigma_R(t)dz_R \qquad (3.1)$$

$R(t)$ Umsatzerlöse im Zeitpunkt t
$\mu(t)$ Wachstumsrate / Drift im Zeitpunkt t
$\sigma_R(t)$ Volatilität der Umsatzerlöse im Zeitpunkt t
dz_R Standard Wiener Prozess der Umsatzerlöse $R(t)$

Es wird angenommen, dass sich die Umsatzerlöse durch die Wachstumsrate $\mu(t)$ (Drift) und der Volatilität $\sigma(t)$ mit der Dynamik des *Standard Wiener Prozess* $dz_R(t)$ entwickeln. Die relative Veränderung von $\Delta R(t)/R(t)$ ist bezogen auf ein Zeitintervall von Δt normalverteilt mit einem Erwartungswert von $E\left[\frac{\Delta R(t)}{R(t)}\right] = \mu_R \cdot \Delta t$ und einer Varianz von $Var\left[\frac{\Delta R(t)}{R(t)}\right] = \sigma_R^2 \cdot \Delta t$.[139]

Der Standard Wiener Prozess beschreibt einen zeitstetigen, stochastischen Zufallsprozess, bei dem die Zufallsvariable in einem Zeitraum beliebig oft die Ausprägung ändern kann, dessen

---

[133] Vgl. *Schwartz/Moon* (2001) S. 9 f.
[134] Vgl. *Black/Scholes* (1973) S. 637 ff.
[135] *Meyer* (2006) S. 77.
[136] Vgl. *Meyer* (2006) S. 77.
[137] Vgl. *Meyer* (2006) S. 77.
[138] Für die Herleitung, den Beweis, sowie die Anwendung vom Itô Prozess (Itôs Lemma) vergleiche einschlägige Literatur *Dixit/Pindyck* (1994) S. 79 ff.; *McKean* (1969) S. 32; *Merton* (2009) S. 121 ff. und 598 f.
[139] Vgl. *Hull* (2006) S. 330.

Veränderung zwischen zwei Zeitpunkten $t < T$ normalverteilt ist mit einem Erwartungswert von null und einer Varianz von Δt.[140] Die stochastischen Veränderungen für die verschiedenen, nicht überlappenden Zeitintervalle sind unabhängig voneinander.[141] Diese Bedingung wird durch die *Markov-Eigenschaft* erfüllt, die besagt, dass lediglich der aktuelle Wert der Zufallsvariablen einen Einfluss auf zukünftige Werte hat.[142]

3.5. Wachstumsrate der Umsatzentwicklung

Die charakteristisch hohen Umsatzwachstumsraten bei Wachstumsunternehmen sind jedoch sowohl aus theoretischer als auch empirischer Sicht nicht auf Dauer realisierbar, sodass ein Unternehmen nach einer bestimmten Zeit von der Wachstums- in die Reifephase eintritt.[143] Dabei wird sich das Umsatzwachstum eines Unternehmens im Zeitablauf auf ein langfristig niedriges Durchschnittsniveau, z.B. auf die stabile nachhaltige Wachstumsrate der Branche, einpendeln.

Dieser Umstand wird in dem Modell durch einen *Mean-Reversion-Prozess* berücksichtigt, der die Entwicklung des Umsatzwachstums zu einem langfristigen Mittelwert abbildet.
Die stochastische Modellierung erfolgt durch einen *Ornstein-Uhlenbeck-Prozess*:[144]

$$d\mu(t) = \kappa_\mu(\bar{\mu} - \mu(t))dt + \eta_\mu(t)dz_\mu \qquad (3.2)$$

κ_μ Mean-Reversion-Koeffizient der Wachstumsrate
$\bar{\mu}$ Langfristiges Gleichgewicht der Wachstumsrate $\mu(t)$
$\eta_\mu(t)$ Volatilität der Wachstumsrate $\mu(t)$ im Zeitpunkt t
dz_μ Standard Wiener Prozess der Wachstumsrate $\mu(t)$

Der Mean-Reversion-Koeffizient κ_μ stellt die Geschwindigkeit dar, mit der die Wachstumsrate zu dem langfristigen Durchschnitt $\bar{\mu}$ konvergiert. Die Stärke des Mean-Reversion-Prozess hängt maßgeblich von der Anpassungsgeschwindigkeit κ_μ, dem Abstand zwischen der aktuellen Ausprägung $\mu(t)$ und dem langfristigen Gleichgewicht $\bar{\mu}$ ab.[145] Wie auch bei der Brown'schen Bewegung wird die Dynamik der erwarteten Änderungen im Drift durch einen Standard Wiener Prozess dz_μ abgebildet, da auch die Wachstumsraten mit Unsicherheit behaftet sind.

---

[140] Vgl. *Duffie* (2001) S. 83; *Hull* (2006) S. 328.
[141] Vgl. *Duffie* (2001) S. 83.
[142] Vgl. *Hull* (2006) S. 328.
[143] Abschnitt 2.1.
[144] Vgl. *Schwartz/Moon* (2001) S. 9.
[145] Vgl. *Dixit/Pindyck* (1994) S. 161 ff. und 403 f.

Des Weiteren wird unterstellt, dass analog zum erwarteten Umsatzwachstum die Volatilität der Umsatzerlöse $\sigma_R(t)$ und die Volatilität der Wachstumsrate $\eta_\mu(t)$ sich langfristig gegen ein niedriges Volatilitätsniveau bewegen. Die anfänglich hohen Volatilitäten beruhen auf Unsicherheiten, die mit dem Wachstum verbunden sind, welche im Zuge der Etablierung des Unternehmens am Markt mit einer Anpassungsgeschwindigkeit von κ_σ bzw. κ_η gegen ein langfristig niedrigeres Niveau $\bar{\sigma}$ bzw. $\bar{\kappa}$ konvergieren.[146]

$$d\sigma_R(t) = -\kappa_\sigma(\bar{\sigma} - \sigma(t))dt \quad (3.3)$$

$$d\eta_\mu(t) = -\kappa_\eta(\bar{\eta} - \eta(t))dt \quad (3.4)$$

$\sigma_R(t)$ Volatilität der Umsatzerlöse im Zeitpunkt t
κ_σ Mean-Reversion-Koeffizient der Volatilität der Umsatzerlöse
$\bar{\sigma}$ Langfristiges Gleichgewicht der Volatilität der Umsatzerlöse
κ_η Mean-Reversion-Koeffizient der Volatilität der Wachstumsrate
$\bar{\eta}$ Langfristiges Gleichgewicht der Volatilität der Wachstumsrate

3.6. Kostenentwicklung

Die Kostenfunktion ist in dem Modell die dritte unsichere Komponente, welche stochastisch modelliert wird.[147] Die Kostenstruktur gliedert sich in zwei Bestandteile. Einerseits ist ein fixer Anteil F an den Gesamtkosten implementiert, der die Unternehmens- und Geschäftsausstattung, beispielsweise Maschinen und Grundstücke, repräsentiert. Andererseits ist ein variabler Anteil $\gamma(t)$ an Kosten berücksichtig, der im Zuge des betrieblichen Produktionserstellungsprozess entsteht, sodass die variablen Kosten sich proportional zum erzielten Umsatz verhalten.

$$Cost(t) = \gamma(t) \cdot R(t) + F \quad (3.5)$$

$Cost(t)$ Gesamtkosten im Zeitpunkt t
$\gamma(t)$ Variable Kosten im Zeitpunkt t
F Fixkosten

Die Unsicherheit hinsichtlich der Innovationsfähigkeit des Unternehmens, der potentiellen Wettbewerber, der Zulieferer sowie der technologischen Entwicklung werden in der Kostenentwicklung durch stochastische Dynamik der variablen Kosten abgebildet $d\gamma(t)$.
Die variablen Kosten folgen, ebenso wie das erwartete Umsatzwachstum, einer Tendenz zum langfristigen Marktdurchschnitt $\bar{\gamma}$ mit einer Anpassungsgeschwindigkeit von κ_γ mittels eines

---

[146] Vgl. *Schwartz/Moon* (2001) S. 9. Beim Modell von Schwartz und Moon wird dabei das langfristige Durchschnittsniveau $\bar{\kappa}$, ohne konkrete Erläuterungen, gleich Null gesetzt.
[147] Vgl. *Schwartz/Moon* (2001) S. 10.

Ornstein-Uhlenbeck-Prozesses. Die Dynamik des variablen Kostensatzes lässt sich wie folgt darstellen:

$$d\gamma(t) = \kappa_\gamma(\bar{\gamma} - \gamma(t))dt + \varphi_\gamma(t)dz_\gamma \qquad (3.6)$$

κ_γ Mean-Reversion-Koeffizient des variablen Kostensatzes
$\bar{\gamma}$ Langfristiger variabler Kostensatz
$\varphi_\gamma(t)$ Volatilität des variablen Kostensatzes im Zeitpunkt t
dz_γ Standard Wiener Prozess der variablen Kosten

Das stochastische Element dz_γ beschreibt die Dynamik des Standard Wiener Prozesses mit der Volatilität $\varphi_\gamma(t)$, bei der unterstellt wird, dass diese sich ebenfalls mit der Anpassungsgeschwindigkeit von κ_φ gegen ein langfristiges Gleichgewicht $\bar{\varphi}$ der Volatilität bewegt.

$$d\varphi(t) = \kappa_\varphi(\bar{\varphi} - \varphi(t))dt \qquad (3.7)$$

κ_φ Mean-Reversion-Koeffizient der Volatilität des variablen Kostensatzes
$\bar{\varphi}$ Langfristige Volatilität des variablen Kostensatzes

Hier kann argumentiert werden, dass die Unsicherheit und die Volatilität in den Wachstumsjahren noch relativ hoch ist, da u.a. neue und unbekannte Geschäftsbereiche oder Märkte erschlossen werden, in denen sich erst mit der Zeit Lerneffekte sowie Skaleneffekte im Produktionserstellungsprozess einstellen. Im Zuge des Wachstums können zusätzlich betriebliche Ineffizienzen durch beschränkte langfristige Planungsmöglichkeiten der Geschäftsentwicklung entstehen, welche einen zusätzlichen Einfluss auf die Volatilität und das Kostenniveau haben.

Im Modell wird zudem die Möglichkeit vorgestellt, Korrelationen zwischen dem realisierten Umsatzwachstum, dem erwarteten Umsatzwachstum und dem variablen Kostensatz über die Dynamik des Standard Wiener Prozess zu modellieren.

$$dz_R \cdot dz_\gamma = \rho_{R,\gamma}dt \qquad (3.8)$$

$$dz_\mu \cdot dz_\gamma = \rho_{\mu,\gamma}dt \qquad (3.9)$$

$\rho_{R,\gamma}$ Korrelationskoeffizient realisiertes Umsatzwachstum und variabler Kostensatz
$\rho_{\mu,\gamma}$ Korrelationskoeffizient erwartetes Umsatzwachstum und variabler Kostensatz

3.7. Investitionsausgaben und Abschreibungen

Für die Ermittlung des freien Cash-Flows ist, neben des Umsatzes und der Kosten, die Bestimmung der Investitionsausgaben sowie der Abschreibungen relevant.[148]
Dabei bestimmen die Investitionsausgaben $Capex(t)$ und Abschreibungen $Dep(t)$ die periodenspezifische Höhe des Sachanlagevermögens $P(t)$:

$$dP(t) = (Capex(t) - Dep(t)) \cdot dt \qquad (3.10)$$

$P(t)$ Sachanlagevermögen (Property, Plant and Equipment) im Zeitpunkt t
$Capex(t)$ Investitionsausgaben (Capital Expenditures) im Zeitpunkt t
$Dep(t)$ Abschreibungen (Depreciation) im Zeitpunkt t

Die geplanten Investitionen $CX(t)$ werden im Modell bis zum Investitionsplanungshorizont $\bar{t}$ durch Plandaten ermittelt. Nach dem Investitionsplanungshorizont wird unterstellt, dass eine konstante Rate CR des Umsatzes investiert wird.

$$\begin{aligned} Capx(t) &= CX(t) &, wenn\ t \leq \bar{t} \\ Capx(t) &= CR * R(t) &, wenn\ t > \bar{t} \end{aligned} \qquad (3.11)$$

$CX(t)$ Geplante Investitionen im Zeitpunkt t
$\bar{t}$ Investitionsplanungshorizont
CR Geschätzte Investitionen als Rate der Umsatzerlöse (Capital Ratio)

Die Abschreibungen $Dep(t)$ werden als konstanter Anteil des Anlagevermögens modelliert.

$$Dep(t) = DR \cdot P(t) \qquad (3.12)$$

DR Abschreibungen als Rate des Sachanlagenvermögens

3.8. Unternehmenssteuern

Im Modell von Schwartz und Moon wird berücksichtigt, dass Wachstumsunternehmen besonders in den Anfangsjahren einen erhöhten Kapitalaufwand in Relation zu den Umsätzen und damit einen negativen Cash-Flow aufweisen.[149]
Ein Wachstumsunternehmen kann dabei über mehrere Jahre einen negativen Cash-Flow aufweisen, bevor es wieder „schwarze Zahlen schreibt".[150] Daher sind erst Steuern τ_c zu zahlen, wenn der Gewinn die akkumulierten Verlustvorträge $L(t)$ übersteigt.

$$\begin{aligned} Tax(t) &= 0 &, wenn\ L(t) > 0 \\ Tax(t) &= [R(t) - Cost(t) - Dep(t)] \cdot \tau_c &, sonst \end{aligned} \qquad (3.13)$$

$Tax(t)$ Steuern im Zeitpunkt t

---

[148] Vgl. *Schwartz/Moon* (2001) S. 11.
[149] Vgl. Abschnitt 2.1 und 2.1.3.
[150] Vgl. *Schwartz/Moon* (2001) S. 10.

$L(t)$ Verlustvortrag (Loss-carry-forward) im Zeitpunkt t
τ_c Unternehmenssteuersatz

Der Gewinn nach Steuern $Y(t)$ ergibt sich dementsprechend:[151]

$$Y(t) = R(t) - Cost(t) - Dep(t) - Tax(t) \quad (3.14)$$

$Y(t)$ Gewinn nach Steuern im Zeitpunkt t

Der Verlustvortrag ist, wie bereits erwähnt, abhängig vom realisierten Gewinn. Der Verlustvortrag wird folgendermaßen definiert:[152]

$$dL(t) = -Y(t)dt \quad , wenn\ L(t) > 0 \quad (3.15)$$
$$dL(t) = Max[-Y(t)dt, 0] \quad , wenn\ L(t) = 0$$

Der positiv definierte Verlustvortrag $L(t)$ steigt bei negativem Cash-Flow und sinkt bei positiven Cash-Flow, oder bleibt null.

3.9. Ausschüttungspolitik

Im Modell von Schwartz und Moon wird die Veränderung der Höhe des Barvermögens $X(t)$, in Abhängigkeit der generierten freien Cash-Flows $Y(t)$, der Verzinsung des Kassenbestandes mit einem risikolosen stetigen Zinssatz r sowie den Erhöhungen bzw. Minderungen um die Abschreibungen und die Investitionsausgaben bestimmt.[153]

$$dX(t) = [r \cdot X(t) + Y(t) + Dep(t) - Capex(t)]dt \quad (3.16)$$

$X(t)$ Kassenbestand im Zeitpunkt t
r Risikoloser Zinssatz

Dabei wird unterstellt, dass die aus der Unternehmung generierten freien Cash-Flows nicht an die Unternehmenseigentümer ausgeschüttet werden, sondern komplett thesauriert werden. Die erwirtschafteten Cash-Flows, inklusive der Zinserträge, werden erst zum Zeitpunkt T, in welchem das Unternehmen aus dem Wachstum in die Reifephase übergeht, komplett an die Eigentümer ausgeschüttet.[154]

Die Thesaurierung der Gewinne kann dabei mehrere Vorteile haben. So entspricht es der Realität, wenn Wachstumsunternehmen die aus der Unternehmung erwirtschafteten Gewinne

---

[151] Vgl. *Schwartz/Moon* (2001) S. 10.
[152] Vgl. *Schwartz/Moon* (2001) S. 10.
[153] Vgl. *Schwartz/Moon* (2001) S. 11.
[154] Vgl. *Schwartz/Moon* (2001) S. 11.

zum Wachstum nutzen bis die Wachstums- und damit rentablen Investitionspotentiale abnehmen.[155]

Als weiterer Vorteil kann der Verzicht auf die Festlegung einer konkreten Ausschüttungspolitik genannt werden.[156] Dies wird ermöglicht, da die thesaurierten freien Cash-Flows mit einem risikolosen Zinssatz verzinst werden, welche steuerlich nicht berücksichtigt werden und zum späteren Zeitpunkt mit diesem wieder diskontiert werden.[157] Dadurch dass die Bewertung unter dem risikoneutralen Wahrscheinlichkeitsmaß formuliert wird, sind die Cash-Flows zu jedem Zeitpunkt identisch. In Abschnitt 3.13 soll daher die risikoneutrale Bewertung vorgestellt werden.

Als Nachteil der Thesaurierung nennen Schwartz und Moon den Einfluss dieser Annahmen auf die Insolvenzwahrscheinlichkeit des Unternehmers.[158] Dabei weist ein Unternehmen, das regelmäßig Ausschüttungen an die Eigentümer durchführt, tendenziell eine geringere Kapitalausstattung auf als es bei den Modellimplikationen zu erwarten ist, sodass eine Unterbewertung der Insolvenzwahrscheinlichkeit besteht. Gleichzeitig kann dieser Effekt von untergeordneter Bedeutung sein, da, wie bereits dargestellt Wachstumsunternehmen erst dann die Gewinne ausschütten, wenn rentable Investitionspotentiale abnehmen.

3.10. Insolvenz

Ein Insolvenzfall wird angenommen, wenn der Kassenbestand X^* um einen vorher festgelegten Betrag sinkt.[159] Damit folgt die Annahme mehrerer Vereinfachungen der Realität in Bezug auf Insolvenzfälle. Es wird nicht in Betracht gezogen, dass das Unternehmen vor einer drohenden Insolvenz die Möglichkeit besitzt, sich extern zu finanzieren oder Vermögensteile, beispielsweise Patente, zu veräußern.[160] Des Weiteren wird nicht berücksichtigt, dass rechtlich bereits ein Insolvenzfall vorliegt, wenn das Unternehmen eine drohende Zahlungsunfähigkeit sowie Überschuldung im Sinne des § 283 ff. StGB aufweist und nicht erst zum Zeitpunkt der tatsächlichen Zahlungsunfähigkeit der fälligen Zahlungsverpflichtungen.[161] Abschließend werden die möglichen Liquidationserlöse bei einer Insolvenz für den Investor nicht berücksichtigt, sodass im Falle einer Insolvenz der Inverstor keine Rückflüsse aus der Unternehmensliquidation erlangt.

---

[155] Vgl. *Schmidlin* (2011) S. 127 f.
[156] Vgl. *Schwartz/Moon* (2001) S. 11.
[157] Damit wird vereinfacht auf eine steuerliche Berücksichtigung der thesaurierten Gewinne verzichtet.
[158] Vgl. *Schwartz/Moon* (2000) S. 63.
[159] Vgl. *Schwartz/Moon* (2001) S. 11.
[160] Vgl. *Schwartz/Moon* (2000) S. 63.
[161] Für eine detaillierte Darstellung zu den Ereignissen (Bankrottdelikte), die nach deutschem Recht einen Insolvenzverfahren nach sich führen, vergleiche *Müller-Gugenberger et al.* (2006) S. 2125.

Ferner führt eine Modellierung der Umsatzentwicklung in ein risikoloses Wahrscheinlichkeitsmaß[162] zu einer Beeinträchtigung möglicher Insolvenzwahrscheinlichkeiten im Vergleich zum empirischen Wahrscheinlichkeitsmaß. Durch die Driftanpassung $[\mu(t) - \lambda_R \sigma_R(t)]dt$ im risikolosen Wahrscheinlichkeitsmaß ist die Umsatzentwicklung definiert als die erwartete Umsatzentwicklung abzüglich dem Marktpreis des Risikos $\lambda_R \sigma_R(t)$.[163] Dadurch sind die in der Gleichung (3.20) formulierten Umsatzentwicklungen niedriger als unter einem empirischen Wahrscheinlichkeitsmaß, sodass die unter dem risikolosen Wahrscheinlichkeitsmaß formulierten Umsatzentwicklungen zu einer höheren Insolvenzwahrscheinlichkeit führen können.

3.11. Residualwert

Aus den bisher dargestellten Modellkonzeptionen lassen sich mithilfe der Monte-Carlo-Simulation unterschiedliche Unternehmenswerte mit erwartetem Umsatz, erwartetem Kassenbestand sowie den erwarteten Gesamtkosten simulieren. Da die Simulation allerdings nur bis zur angenommen Stabilitätsphase des Unternehmens durchgeführt wird, ist es notwendig, analog zur DCF-Bewertung einen Fortführungswert bzw. eine ewige Rente des Unternehmens mit einzupreisen.[164] Der Restwert kann im Modell von Schwartz/Moon unter der Annahme der ewigen Fortführung des Unternehmens (*Going Concern*) als die Erwirtschaftung gleichbleibender Erträge nach dem Simulationshorizont definiert werden.[165]

Dabei haben Fortführungswerte bei Wachstumsunternehmen in der traditionellen Unternehmensbewertung eine besondere Bedeutung.[166] Der Anteil des Restwertes am Gesamtwert des Unternehmens hängt zum einen davon ab, wie hoch der ermittelte Wert des Unternehmens bis zum Ende des Planungshorizontes ist. Zum anderen hängt dieser von dem erwarteten gleichbleibenden Ertrag nach dem Planungshorizont ab. Weist ein Wachstumsunternehmen nur eine geringe Cash-Flow-Entwicklung im Laufe des Planungshorizontes[167] auf und kann man von gleichbleibenden, nachhaltigen Erträgen[168] nach dem Planungshorizont ausgehen, wird der Residualwert einen wesentlichen Anteil am Gesamtwert darstellen.[169] Im DCF-Verfahren

---

[162] Vgl Abschnitt 3.13.2.
[163] Vgl Abschnitt 3.13.2.
[164] Vgl. *Schwartz/Moon* (2001) S. 12. Für die verschiedenen Ansätze für die Ermittlung des Fortführungswertes vergleiche u.a. *Loderer* (2007) S. 617 ff.
[165] Vgl. *Mandl/Rabel* (1997) S. 154 f.
[166] Vgl. *Berkman et al.* (1998) S. 27 f.; *Helbling* (1998) S. 116 f.
[167] In der Praxis wird für gewöhnlich ein Planungshorizont von 3-10 Jahre angenommen, vergleiche dazu *Helbling* (1998) S. 104; *Loderer* (2007) S. 636.
[168] Dabei wird in dem Zusammenhang auch ein ewiges Wachstum des Unternehmens unterstellt.
[169] Vgl. *Mandl/Rabel* (1997) S. 155; *IdW* (1998) S. 53.

wird der gleichbleibende nachhaltige Ertrag, welcher als der Free Cash-Flow zum Zeitpunkt T (FCF_T) angenommen wird, als ewige Rente kapitalisiert und auf den Bewertungsstichtag t mit den Kapitalkosten r_k abzüglich eines unterstellten Wachstums w_k abgezinst.[170]

$$RW^{DCF}{}_T = \frac{FCF_{T+1}}{r - w} \qquad (3.17)$$

T	Länge des expliziten Planungshorizontes
$RW^{DCF}{}_T$	Residualwert nach dem DCF-Verfahren im Zeitpunkt T
FCF_{T+1}	Erster Free Cash-Flow der Restwertperiode im Zeitpunkt T+1
r_k	Konstanter Kapitalkostensatz
w_k	Konstante Wachstumsrate

Je größer der Anteil des Restwertes am Gesamtwert ist, desto höhere Sorgfalt ist bei der Ermittlung des nachhaltigen Ertrages und der Wachstumsrate notwendig.

Diese Problematik wird jedoch im Modell umgangen, indem der Simulationshorizont bis zur unterstellten Stabilitätsphase gewählt wird. Zu diesem Zeitpunkt sollte das Unternehmen bereits entsprechend solide Zahlungsströme aufweisen und die folgenden nachhaltigen Erträge sollten nicht über dem Branchenniveau liegen. Daraus ergibt sich, dass der Fortführungswert, verglichen mit dem DCF-Verfahren, einen geringeren Anteil am Gesamtwert ausmachen sollte. Dieser Effekt verstärkt sich mit einem längeren Simulationshorizont.

Jedoch entsteht bei Übertragung der gängigen Restwertermittlung nach dem DCF-Verfahren auf das Modell von Schwartz/Moon das Problem, dass die Ermittlung der konkreten Kapitalkosten notwendig wird. Dies erweist sich für das Modell jedoch als problematisch, da die für Wachstumsunternehmen zeitlich nicht stabilen Kapitalkosten über einen langen Zeitraum geschätzt werden müssen.[171]

Schwartz und Moon schlagen daher vor, die Restwertermittlung mit einem Vergleichsverfahren, dem sogenannten *Enterprise-Value-Multiplikator*[172], zu ermitteln, sodass die Bestimmung der Kapitalkosten umgangen wird.[173] Dabei dient ein aus einer Gruppe von Vergleichsunternehmen abgeleiteter durchschnittlicher Kennzahlwert als Multiplikator.[174] Zu diesem Zweck wählen Schwartz und Moon den „Earnings before Interest, Taxes, Depreciation, and Amortization" -Multiplikator ((EBITDA)-Multiplikator), dessen Vorteil in Bezug auf andere

---

[170] Vgl. *Mandl/Rabel* (1997) S. 156.
[171] Vgl. *Schwall* (2001) S. 159.
[172] Die Ermittlung des Enterprise Value ergibt sich dabei aus: Eigenkapitalwert (zum Marktwert) + Nettoumlaufvermögen = Eigenkapitalwert (zum Marktwert) + Nettofinanzverbindlichkeiten, vergleiche dazu *Löhnert* (2002) S. 410.
[173] Für einen Überblick der Vergleichsverfahren vergleiche *Hayn* (2000) S. 82 ff.
[174] Vgl. *Hayn* (2000) S. 84.

Multiplikatoren darin liegt, dass der Einfluss verschiedener Steuerbelastungen, Kapitalstrukturen sowie Abschreibungsmethoden auf den Unternehmensvergleich beseitigt wird.[175] Damit wird die Vergleichsqualität mit nationalen und internationalen Unternehmen erhöht. [176] Für einen sinnvollen Vergleich mittels EBITDA-Multiplikator wird vorausgesetzt, dass die Vergleichsunternehmen die identische *ökonomische* (tatsächliche) Anlagenintensität aufweisen.[177] Zusätzlich ist die Nutzung des Multiplikators nur sinnvoll, wenn EBITDA nicht negativ ist.[178]

$$M = \frac{EV}{EBITDA} \qquad (3.18)$$

M Multiplikator
EV Enterprise Value
$EBITDA$ Earnings before Interest, Taxes, Depreciation, and Amortization

Der EBITDA–Multiplikator M wird mit dem EBITDA der letzten Simulationsperiode T multipliziert, sodass der Residualwert RW folgendermaßen bestimmt wird:

$$RW = M \cdot \{R(T) - C(T)\} \qquad (3.19)$$

RW Residualwert
M Multiplikator

Der Erwartungswert E_Q des Unternehmenswertes wird dabei unter dem risikoneutralen Martingalmaß bestimmt, wobei die Abzinsung mit einem risikolosen, konstanten Zinssatz r erfolgt.[179]

Der Unternehmenswert $V(0)$ zum Bewertungsstichtag ergibt sich somit:

$$V(0) = E_Q[X(T) + M \cdot \{R(T) - C(T)\}] \cdot e^{-r \cdot T} \qquad (3.20)$$

$V(0)$ Unternehmenswert (Value) zum Zeitpunkt t=0
E_Q Erwartungswertoperator unter dem äquivalenten Martingalmaß

3.12. Ermittlung des Aktienwertes

Für Investoren ist, neben dem Gesamtunternehmenswert, der Wert des Eigenkapitals pro Aktie relevant. Daher ist die Bestimmung des Werts des Eigenkapitals in Aktien und somit eine genaue Bestimmung der Kapitalstruktur notwendig. Dabei ist die Anzahl der sich im Umlauf befindenden Aktien zu ermitteln, die derzeitige und zukünftige Option auf Mitarbei-

---

[175] Vgl. *Loderer* (2007) S. 767; *Hayn* (2000) S. 87.
[176] Vgl. *Hayn* (2000) S. 87.
[177] Vgl. *Ernst et al* (2010), S. 186 f.
[178] Vgl. *Ernst et al* (2010), S. 186 f.
[179] Vgl. *Schwartz/Moon* (2007) S.11 f.

teraktien[180] sowie Wandelanleihen zu bestimmen.[181] Es wird im Modell vereinfacht angenommen, dass bei einem Überleben des Unternehmens zum Zeitpunkt T die Halter der Aktienoptionen ihre Optionen beim Ablauf ausüben und die Halter der Wandelanleihen diese bei Fälligkeit in Aktien umwandeln.[182] Die zahlungswirksamen Veränderungen, die sich durch die beschriebene Finanzierungspolitik ergeben, werden im Aktienwert mitberücksichtigt. Die Berechnung der Aktien ist pfad-abhängig. Demnach beträgt der Aktienwert für jeden Pfad:

$$SV = \frac{V(0) - V_{FK} + V_{SO}}{no_{SH} + no_{CO} + no_{SO}} \quad , wenn\ X > X^*$$
$$SV = 0 \quad , wenn\ X \leq X^* \quad (3.21)$$

SV Aktienwert (Share Value)
V_{FK} Fremdkapital zum Marktwert
V_{SO} Cash-Flow bei Ausübung der Aktienoptionen (Share Options)
no_{SH} Anzahl der Aktien (Shares)
no_{CO} Anzahl der Aktien aus Wandelanleihen (Convertibles)
no_{SO} Anzahl der Aktien durch Ausübung der Aktienoptionen
X^* Kassenbestand bei maximaler Verschuldungsgrenze

Bei der Annahme von Schwartz/Moon ergibt sich für die Umsetzung jedoch als wesentliches Problem, dass die zukünftigen Mitarbeiteraktien-Programme sowie Wandelanleihen mit den entsprechenden Ausübungsrechten und -zeitpunkten geschätzt werden müssen. Dafür ist u.a. die Prognose des konkreten Finanzierungsbedarfs, der Finanzierungspolitik sowie die zukünftige Anzahl der Mitarbeiter notwendig.

3.13. Risikoberücksichtigung im Modell

3.13.1. Risikoäquivalenz

Für die Unternehmensbewertung ist zu berücksichtigen, wie zwischen den unsicheren zukünftigen finanziellen Überschüssen und einer sicheren Investition eine Äquivalenz hergestellt werden kann. Für die Risikoberücksichtigung können bei einer Unternehmensbewertung grundsätzlich zwei Methoden unterschieden werden: Die Risikozuschlagsmethode und die Sicherheitsäquivalenzmethode.[183] Die Risikoanpassung erfolgt bei der Risikozuschlagsme-

---

[180] Mitarbeiteraktien und Mitarbeiteraktien-Programme räumen den Mitarbeitern unter bestimmten Voraussetzungen und zu bestimmten Konditionen den Erwerb von Aktien ein. Vergleiche dazu *Hull* (2006) S. 247 und 365.
[181] Wandelanleihen sind hybride Wertpapiere aus Fremd- und Eigenkapital. Vergleiche dazu *Hull* (2006) S. 627.
[182] Vgl. *Schwartz/Moon* (2001) S. 12 f.
[183] Vgl. *Schmitz/Wehrheim* (2006) S. 85.

thode, indem die Erwartungswerte der Zukunftserfolge mit einem Risikozuschlag zum risikolosen Zinssatz auf den Bewertungsstichtag diskontiert werden.[184]

Bei der Sicherheitsäquivalenzmethode werden den periodenspezifischen Wahrscheinlichkeitsverteilungen der Zukunftserfolge Sicherheitsäquivalente zugeordnet.[185] Unter einem Sicherheitsäquivalent wird diejenige sichere Zahlung verstanden, die dem Investor einen identischen Nutzen bringt wie die Wahrscheinlichkeitsverteilung der Zukunftserfolge.[186]

Die Ermittlung der Risikogrößen kann nach der investorenspezifischen, individualisierten Risikonutzenfunktion erfolgen und bei mehreren Investoren in einer Gesamtrisikonutzenfunktion verdichtet werden. Alternativ kann die Ermittlung auch auf Basis einer kapitalmarktorientierten Risikonutzenfunktion erfolgen. Als wesentlicher Nachteil der individualisierten Risikonutzenfunktion ist zu nennen, dass für die Ermittlung der investorenspezifischen Risikofunktion für jeden Investor sowie für jeden möglichen Umweltzustand die spezifischen Nutzenwerte quantifiziert werden müssen.[187]

Daher kann, neben der individualisierten Risikonutzenfunktion, ein kapitalmarktorientierter Ansatz genutzt werden, wobei die Ermittlung des Risikos anstelle einer individualisierten Risikonutzenfunktion durch den Rückgriff auf Kapitalmarktinformationen stattfindet.[188]

Bei der Bestimmung des kapitalmarktorientierten Risikos wird ermittelt, welche Rendite am Markt für jene Projekte erzielt werden, die mit dem Bewertungsobjekt bezüglich des Risikos vergleichbar sind.[189] Die Ermittlung der Rendite erfolgt durch die Verwendung eines Modells, das die Preisbildung am Kapitalmarkt erklärt.[190] Dies stellt die gängige Methode der Risikoberücksichtigung bei traditionellen Unternehmensbewertungen dar.

Zur Ermittlung von marktorientierten Sicherheitsäquivalenten kann das Konzept der risikolosen Bewertung[191] genutzt werden. Hierbei handelt es sich um eine risikoneutrale Bewertung im Sinne einer Risikoindifferenz der einzelnen Investoren. Durch die Annahme eines risiko-

---

[184] Vgl. *Loderer* (2007) S. 371 f.; *Schmitz/Wehrheim* (2006) S. 85.
[185] Vgl. *Schmitz/Wehrheim* (2006) S. 85.
[186] Vgl. *Mandl/Rabel* (1997) S. 218.
[187] Es wird dabei zusätzlich unterstellt, dass jeder Investor seine tatsächliche Risikonutzenfunktion kennt und quantifizieren kann. Vergleiche dazu *Mandl/Rabel* (1997) S. 221 f. und 226 ff.
[188] Vgl. *Drukarczyk* (2001) S. 137 f.
[189] Vgl. *Drukarczyk/Schüler* (2009) S. 55.
[190] Als am weitesten verbreitetes Kapitalmarktmodell ist das CAP-Modell von *Sharpe/Lintner/Mossin*, vergleiche dazu u.a. *Loderer* (2007) S. 365 ff.
[191] Der Risikoneutrale Ansatz zur Optionsbewertung wurde von Cox/Ross/Rubinstein vorgestellt, vergleiche dazu *Cox et al.* (1979) S. 231 ff.

neutralen Investors entspricht die erwartete Rendite auf alle Wertpapiere einem risikolosen Zinssatz, da Investoren keine Risikoprämie fordern.[192] Dementsprechend kann der Barwert von Cash-Flows durch Diskontierung mit dem risikolosen Zinssatz ermittelt werden.[193]

Für eine risikoneutrale Bewertung werden die Erwartungswerte der Zukunftserfolge als Martingale-Wahrscheinlichkeiten formuliert.[194] Ein Martingal verkörpert dabei die Idee eines fairen Spiels, bei dem langfristig weder mit Verlusten noch mit Gewinnen zu rechnen ist. Unter einem Martingal wird ein stochastischer Prozess verstanden, der die Eigenschaft besitzt, dass der bedingte Erwartungswert E_t des kommenden Zeitpunktes t+s gleich dem jetzigen Wert x_t ist.[195]

$$E_t(x_{t+s}) = x_t \qquad (3.22)$$

Ein Martingal kann ferner als ein durchschnittlich konstanter, stochastischer Prozess ohne eine Driftkomponente verstanden werden.[196]

3.13.2. Risikoneutrales Wahrscheinlichkeitsmaß

Damit die in der Gleichung (3.20) erzeugten Wahrscheinlichkeiten zu Martingale-Wahrscheinlichkeiten werden, ist es notwendig, die stochastischen Prozesse des Modells unter dem risikoneutralen Wahrscheinlichkeitsmaß zu spezifizieren.[197] Dabei erfolgt die Risikoanpassung bei zeitstetigen stochastischen Prozessen unter der Anwendung des *Girsanov*-Theorems der Driftkomponente, der die mathematischen Voraussetzungen dafür aufzeigt.[198] Die Volatilität bleibt hierbei unberührt.[199]

Im Modell von Schwartz und Moon wird unterstellt, dass ausschließlich die Umsatzentwicklung risikobehaftet ist und somit risikoangepasst werden muss.[200] Das risikoangepasste Umsatzwachstum lautet daher:[201]

$$\frac{dR(t)}{R(t)} = [\mu(t) - \lambda_R \sigma_R(t)]dt + \sigma_R(t)dz_R \qquad (3.23)$$

λ_R Marktpreis des Risikos für das realisierte Umsatzwachstum

---

[192] Vgl. *Hull* (2006) S. 360.
[193] Vgl. *Hull* (2006) S. 360.
[194] Vgl. *Hull* (2006) S. 713 f.
[195] Vgl. *Meyer* (2006) S. 77.
[196] Vgl. *Hull* (2006) S. 713 f.
[197] Vgl. *Meyer* (2006) S. 77.
[198] Vgl. *Elliott/Madan* (1998) S. 131. Zum Girsanov-Theorem vergleiche *Schöbel* (1995) S. 123 ff.; *Zimmermann* (1998) S. 134 ff. Für die Herleitung der Überführung eines empirischen Wahrscheinlichkeitsmaß in einen risikoneutralen Wahrscheinlichkeitsmaß vergleiche *Zimmermann* (1998) S. 141 ff.; *Schöbel* (1995) S. 126. Zu den weiteren Möglichkeiten zur Risikoanpassung des Drifts vergleiche *Kulatilaka* (1993) S. 276 ff.
[199] Vgl. *Baxter/Rennie* (2000) S. 73 f.
[200] Vgl. *Schwartz/Moon* (2001) S. 12.
[201] Vgl. *Schwartz/Moon* (2001) S. 12.

Die Transformationsvorschrift erfordert die konkrete Spezifikation des Marktpreises des Risikos λ_R mit einem kapitalmarkttheoretischen Modell. Die Ermittlung erfolgt jedoch auf Basis von Vergangenheitsdaten. Dies kann aber bei Wachstumsunternehmen aufgrund mangelnder Repräsentativität der retrospektiven Daten für die Zukunft als problematisch eingestuft werden.[202]

Schwartz und Moon greifen dabei auf das zeitstetige Gleichgewichtsmodell „Intertemporal Capital Asset Pricing Model" (ICAPM) von *Merton* zurück, das im folgenden Abschnitt ausführlich erörtert wird.[203]

3.13.3. Intertemporal Capital Asset Pricing Model

Das ICAPM basiert auf Ähnlichen Marktrestriktionen wie das klassische Capital Asset Pricing Model (CAPM).[204] Wie auch beim CAP-Modell wird das systematische Risiko eines Investors berücksichtigt. Wesentlicher Unterschied zum CAPM ist eine intertemporale Betrachtung, bei der unterstellt wird, dass alle Anleger ihren individuellen Erwartungsnutzen über die gesamte Lebenszeit maximieren.[205]

Im Vergleich zum CAPM, bei dem Investoren Portfolios aus der risikolosen Anlage und dem Marktportfolio halten, wird beim ICAPM ein Portfolio aus drei unterschiedlichen Anlagen gebildet: der risikolosen Anlage, dem Marktportfolio und einem Portfolio, das perfekt negativ mit dem risikolosen Zinssatz korreliert.[206] Die dritte Anlage wird aufgrund des mehrperiodigen Charakters des ICAPM benötigt, da der Erwartungswert und die Varianz der Renditeverteilungsfunktion der einzelnen Wertpapiere nicht mehr konstant sind, sondern einer Unsicherheit aufgrund der stochastischen Prozesse unterliegen.[207] Durch die drei Portfolios ist es dem Investor möglich sich, „[...] gegen unerwünschte Schwankungen der Anlagemöglichkeiten aufgrund von Veränderungen der risikolosen Zinsrate abzusichern."[208]

Die Risikoprämie des riskanten Wertpapiers wird nach dem ICAPM wie folgt bestimmt:[209]

$$\alpha_i - r = \frac{M}{A}\sigma_{iM} + \frac{H \cdot g}{A \cdot \sigma_n} \cdot \sigma_{in} \qquad (3.24)$$

α_i Erwartete momentane Rendite des Wertpapiers i
r Zeitstetiger risikoloser Zinssatz
M Marktkapitalisierung aller Wertpapiere (aggregierten Wohlstand)

---

[202] Vgl. Abschnitt 4.3.
[203] Vgl. *Merton* (1973) S. 867 ff.
[204] Für eine umfassende Darstellung der ICAPM Annahmen vergleiche *Irmler* (2005) S. 97 f.
[205] Vgl. *Copeland et al.* (2005) S. 162 f.; *Merton* (1973) S. 868 f.
[206] Vgl. *Copeland et al.* (2005) S. 163; *Merton* (1973) S. 867 ff. und 882.
[207] Vgl. *Merton* (1973) S. 867 ff.
[208] *Meyer* (2006) S. 81.
[209] Vgl. *Merton* (1973) S. 882.

A	Aggregierte Risikotoleranz der Ökonomie
H	Aggregierte Nachfrage nach dem Wertpapier n als Absicherung gegen unvorteilhafte Veränderungen der Anlagemöglichkeiten
g	Volatilität der Veränderungen des risikolosen Zinses
σ_{iM}	Kovarianz zwischen den Renditen des i-ten Wertpapiers und den Marktrenditen
σ_n	Volatilität eines mit dem Diskontierungsfaktor perfekt negativ korrelierten Anlage
σ_{in}	Kovarianz der Momentanrendite des Wertpapiers i mit der Momentanrendite der Veränderung des Wertpapiers n

Für das Modell von Schwartz und Moon wird indessen ein Spezialfall des ICAPM genutzt, unter der Prämisse einer logarithmischen Nutzenfunktion.[210]

Hergeleitet ergibt der Marktpreis des Risikos:[211]

$$\rho_{RM} \cdot \sigma_M \cdot \sigma_R = \lambda_R \cdot \sigma_R \qquad (3.25)$$

ρ_{RM}	Korrelation zwischen Veränderung der Umsatzerlöse und Renditen des Marktportfolios
σ_M	Volatilität der Renditen des Marktportfolios
σ_R	Volatilität der Umsatzerlöse
λ_R	Marktpreis des Risikos für das realisierte Umsatzwachstum

Obwohl das ICAPM mit der mehrperiodigen Ausrichtung durchaus Vorteile gegenüber dem klassischen CAPM besitzt, hat das ICAPM nie die vergleichbare praktische Bedeutung des CAPM erlangt. Als grundsätzliche Kritik am ICAPM lässt sich, analog zum CAPM die Vielzahl von vereinfachten Annahmen der Kapitalmärkte aufführen.[212] Daneben wird als Kritik vor allem ein hoher Informationsaufwand und höhere Ermessensspielräume gegenüber dem traditionellen CAPM geäußert, sodass sich in der Bewertungspraxis das CAPM durchgesetzt hat.[213]

3.14. Überführung in ein zeitdiskretes Modell

Die bisher dargestellten Modellannahmen wurden in stetiger Form formuliert. Für die Modellierung in stetiger Zeit wäre die Generierung von unendlich vielen Zufallszahlen notwendig, um die Dynamiken der stochastischen Größen zu realisieren. Da dies praktisch nicht realisierbar ist, müssen für die Simulation die stochastischen Prozesse diskretisiert werden.[214] Damit

---

[210] Vgl. *Brennan/Schwartz* (1982) S. 518 ff.
[211] Für die Herleitung der Formel vergleiche *Brennan/Schwartz* (1982) S. 518 ff.; *Karl Keiber* (2004) S. 425 f., sowie *Meyer* (2006) S. 81 f.
[212] Vgl. *Löhr* (1994) S. 133 ff.; *Irmler* (2005) S. 97.
[213] Vgl. *Irmler* (2005) S. 110.
[214] Vgl. *Schwartz/Moon* (2001) S. 14 ff.

werden für die Zeitparameter t nur noch genau festgelegte Zeitpunkte erfasst.[215] Bei der Überführung in ein zeitdiskretes Modell sind die risikoadjustierten Differentialgleichungen (3.1, 3.2, 3.6) zu integrieren. Die Bestimmung erfolgt unter Berücksichtigung besonderer stochastischer Integrationsregeln (Itôs Lemma) durch Integration der risikoangepassten Differentialgleichungen mit den Grenzen t und $t + dt$.[216]

Die approximative Bestimmung der Parameter unter dem risikoneutralen Wahrscheinlichkeitsmaß lautet dabei:[217]

Für die **Umsatzentwicklung**:

$$R(t + \Delta t) = R(t) \cdot \exp\left(\left[\mu(t) - \lambda_R \sigma_R(t) - \frac{\sigma_R(t)^2}{2}\right]\Delta t + \sigma_R(t)\sqrt{\Delta t}\varepsilon_R\right) \quad (3.26)$$

Für die **Wachstumsrate der Umsatzentwicklung**:

$$\mu(t + \Delta t) = \exp(-\kappa_\mu \Delta t) \cdot \mu(t) + (1 - \exp(-\kappa_\mu \Delta t)) \cdot \bar{\mu}$$
$$+ \frac{1 - \exp(-2\kappa_\mu \Delta t)}{2\kappa} \cdot \eta_\mu(t)\varepsilon_\mu \quad (3.27)$$

Für die **variablen Kosten**:

$$\gamma(t + \Delta t) = \exp(-\kappa_\gamma \Delta t) \cdot \gamma(t) + (1 - \exp(-\kappa_\gamma \Delta t)) \cdot \bar{\gamma}$$
$$+ \frac{1 - \exp(-2\kappa_\gamma \Delta t)}{2\kappa} \varphi(t)\varepsilon_\gamma \quad (3.28)$$

Die **Mean-Reversion-Prozesse** sind nicht stochastisch und können damit mittels der *Kolmogorov-Forward-Gleichung* exakt abgeleitet werden:[218]

$$\sigma_R(t) = \sigma_0 \cdot \exp(-\kappa_\sigma t) + \bar{\sigma}(1 - \exp(-\kappa_\sigma t)) \quad (3.29)$$

$$\eta_\mu(t) = \eta_0 \cdot \exp(-\kappa_\mu t) \quad (3.30)$$

$$\varphi(t) = \varphi_0 \cdot \exp(-\kappa_\varphi t) + \bar{\varphi}(1 - \exp(-\kappa_\varphi t)) \quad (3.31)$$

Die Zufallszahlen $\varepsilon_R, \varepsilon_\mu, \varepsilon_\gamma$ sind standardnormalverteilt mit der Korrelation ρ_i.

---

[215] Vgl. *Judd* (1996) S. 562.
[216] Für die Herleitung der Integration vergleiche *Meyer* (2006) S. 98; *Schwartz/Moon* (2001) S. 13 f.
[217] Vgl. *Schwartz/Moon* (2001) S. 15 f.
[218] Vgl. *Dixit/Pindyck* (1994) S. 90 f.

4. Bewertung der Tomorrow Focus AG nach Schwartz/Moon

4.1. Überblick über die Tomorrow Focus AG

4.1.1. Unternehmensstruktur und Geschäftsbereiche

Im praktischen Teil dieser Untersuchung soll die Bewertung eines ausgewählten Unternehmens nach dem Schwartz/Moon-Modell erfolgen.

Für die Bestimmung einiger der (entscheidenden) Modellparameter wie der ausgehende Volatilität des Umsatzwachstums η_0 wird die Aktienkursentwicklung benötigt. Bei der Wahl des Bewertungsobjektes ist die Rechtsform daher ausschlaggebend.

Des Weiteren kann hierbei die Rechtsform des Bewertungsobjektes für die Bewertungsqualität entscheidend sein. Die Wahl eines börsennotierten Unternehmens ist im Vergleich zu einem nicht börsennotierten Unternehmen vor allem deshalb interessant, da Informationen bezüglich der finanziellen Entwicklung und der Lage in regelmäßigen Abständen sowohl vom Unternehmen als auch von Analysten veröffentlicht werden. Als problematisch kann sich hingegen die Suche nach einem geeigneten Unternehmen herausstellen, welches die Charakteristika eines Wachstumsunternehmens erfüllt.[219] Insbesondere sei hier darauf hingewiesen, dass Unternehmen zumeist erst dann an die Börse gehen, wenn eine gewisse Unternehmensgröße erreicht ist, da die Kosten einer Emission und der regelmäßigen Berichterstattung nicht unerheblich sind.[220] Erst mit der Emission wird die finanzielle Situation transparent, wobei die vorhergehende Unternehmenshistorie nur schwer zu ermitteln ist. Die *Tomorrow Focus AG* weist dabei die wesentlichen der in Abschnitt 3 aufgeführten Besonderheiten auf, wobei hier anzumerken sei, dass ein Unternehmen, das alle Charakteristika aufweist und zudem über eine transparente Kosten- und Finanzstruktur verfügt, nicht zu finden war.[221] Im Weiteren soll das zu bewertende Unternehmen Tomorrow Focus AG vorgestellt werden.

Die Tomorrow Focus AG ging im September 2001 am Neuen Markt in Frankfurt aus der Fusion der Medienverlage *Focus Digital AG* und der *Tomorrow Internet AG* hervor. Die Konzernstruktur und die Kernaufgaben des Internetkonzerns werden in der Abbildung 8 dargestellt:

---

[219] Vgl. Abschnitt 2.
[220] Vgl. *Zantow/Dinauer* (2011) S. 99 ff.
[221] Vgl. Abschnitt 4.1.2.

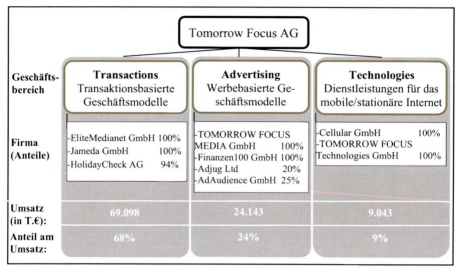

Abbildung 8 Konzernstruktur der Tomorrow Focus AG am 30.09.2011.[222]

Der Konzern, dessen Fokus auf dem Onlinemarkt liegt, gliedert sich in drei wesentliche Geschäftsbereiche.

Der Geschäftsbereich *Transactions* beinhaltet alle transaktionsbasierten Geschäftsmodelle des Konzerns. Darunter fallen kostenpflichtige Service-Abonnements und Premium-Einträge des Partnervermittlungsportals *ElitePartner*, des Arztbewertungsportals *jameda* sowie der *HolidayCheck AG* mit dem größten deutschsprachigen Meinungsportal für Reise und Urlaub im Internet.[223]

Der Geschäftsbereich *Advertising* umfasst das Online-Werbe- und Vermarktungsgeschäft. So betreut die *Tomorrow Focus Media GmbH* eines der führenden deutschen Onlinevermarkter, diverse Printmedien wie *CHIP Online, FAZ.net* und *meinestadt.de* beim digitalen Auftritt.[224] Die Umsätze werden insbesondere durch Werbung und Premium Abonnements der Onlineportale erzielt. Die Umsatzgenerierung erfolgt bei *Finanzen100 GmbH*, einem Portal für Finanz- und Börsennachrichten, auf ähnliche Weise.[225] Das Tochterunternehmen *Adjug Ltd* betreibt einen internationalen Marktplatz für Internet-Werbeplätze, wobei das Unternehmen anteilig an den vermittelten Werbeplätzen beteiligt wird.[226] Das Unternehmen *AdAudience*

---

[222] Eigene Darstellung.
[223] Vgl. *TFT GmbH* (2012).
[224] Vgl. *TFT GmbH* (2012).
[225] Vgl. *Finanzen100* (2012).
[226] Vgl. *Adjug* (2012).

GmbH konzentriert sich vor allem auf die Ermittlung von Onlinezielgruppen für verkaufsfördernde Maßnahmen für dritte Unternehmen.[227]

Im Geschäftsbereich *Technologies* werden Dienstleistungen für das mobile und stationäre Internet angeboten. Die *Cellular GmbH* fokussiert sich speziell auf die Entwicklung von mobilen Applikationen für Smartphones sowie Lösungen für mobile Internetportale.[228] Die *Tomorrow Focus Technologies GmbH* bietet IT-Service und –Lösungen für das Internet wie Websiteentwicklung und -optimierung sowie die Entwicklung und Umsetzung von Electronic Commerce (E-Commerce) Konzepten an.[229]

Mit den insgesamt neun Unternehmen und deren Produkten verfügt die Tomorrow Focus AG insgesamt über ein diversifiziertes Portfolio, wobei alle Unternehmen in der Internetbranche tätig sind.

Das Unternehmen operiert vor allem auf dem europäischen Markt mit speziellem Fokus auf Deutschland, der Schweiz und England. In Abbildung 9 soll die Umsatzgenerierung auf den einzelnen Märkten dargestellt werden.

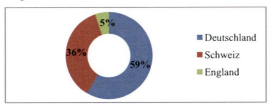

Abbildung 9 Umsatz der Tomorrow Focus AG nach geographischen Segmenten[230]

Die Aktionärsstruktur der Tomorrow Focus AG gliedert sich dabei wie in Tabelle 4 dargestellt.

Investor	Anteil der Aktien
Hubert Burda Media Holding GmbH & Co. KG	63,61%
DWS Investment GmbH	9,91%
Tomorrow Focus AG Management	3%
Allianz Global Investors Kapitalanlagegesellschaft mbH	1,07%
PEH Wertpapier AG	0,37%

Tabelle 4 Aktionärsstruktur der Tomorrow Focus AG (31.09.2011)[231]

---

[227] Vgl. *ADAudience* (2012).
[228] Vgl. *CELLULAR* (2012).
[229] Vgl. *TFT GmbH* (2012).
[230] Eigene Darstellung.
[231] Eigene Darstellung. Für die Wertermittlung vergleiche Tabellenblatt „GUV" auf der beigefügten Datei.

Bei der Betrachtung der Aktionärsstruktur wird deutlich, dass der Hauptaktionär Hubert Burda Media Holding GmbH & Co. KG mit 63% der Aktienanteilen einen beherrschenden Einfluss auf die Tomorrow Focus AG besitzt und somit einen starken Einfluss auf die Unternehmensentwicklung ausüben kann.

4.1.2. Unternehmensentwicklung und Prognosen

Die Tomorrow Focus AG hat seit der Gründung eine stark dynamische Umsatzentwicklung mit einer positiven, jährlichen Wachstumsveränderung von ca. 400% von Anfang 2002 bis 2012 vollzogen, wobei das operative Ergebnis bis Ende 2004 negativ war und erst ab dem zweiten Quartal im Jahr 2005 eine dauerhafte Gewinnschwelle überschritten wurde.[232]

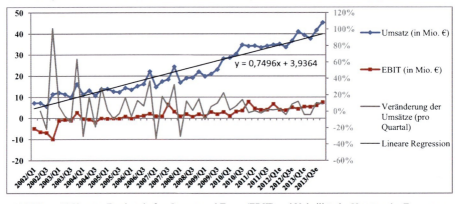

Abbildung 10 Umsatz, Earnings before Interest and Taxes (EBIT) und Volatilität der Umsätze der Tomorrow Focus AG, inklusive Prognose (2002-2014)[233]

Die positive Veränderung ab dem Jahr 2005 lässt sich vor allem durch eine strategische Neuausrichtung durch das Management begründen. Dabei wurde beschlossen, die bis dato im Unternehmensportfolio vorhandene Sparte *Printmedien* abzustoßen und eine Internet-only-Neuausrichtung und Konsolidierung der vorhandenen Ressourcen auf die neu definierten Sparten zu vollziehen. Diese Neuausrichtung hat zu der Etablierung der Sparten *Transactions*, *Advertising* und *Technologies* geführt. Die Umsätze wurden größtenteils durch organisches Wachstum erzielt sowie durch Zukäufe von Start-Up Unternehmen, die die Sparten ergänzen.[234] Dadurch profitierten die neu erworbenen Unternehmen von dem Wissenstransfer der bisherigen Unternehmen und vice versa, sodass starke Synergieeffekte innerhalb der Sparten

---

[232] Vgl. Abbildung 10.
[233] Eigene Darstellung. Für die Wertermittlung vergleiche Tabellenblatt „GUV" auf der beigefügten Datei.
[234] Zukäufe: 2006: *HolidayCheck.com*; 2007: *ElitePartner*; 2008: *jameda GmbH, Finanzen100, adjug Ltd.*

verzeichnet wurden. Durch hohe Investitionen in die neuen Unternehmen und dem Wissenstransfer konnten sich einige der Unternehmen als Marktführer etablieren.[235]

Des Weiteren wies die Tomorrow Focus AG zu Beginn der Unternehmenshistorie sehr hohe Umsatzvolatilitäten auf (über 100% in 2002 Q3 auf 2002 Q4), welche mit fortschreitender Unternehmenshistorie zunehmend rückläufig sind (ca. 20% in den letzten zwei Jahren).[236] Diese Entwicklung wird auch von Analysten für die kommenden Jahre prognostiziert. Daraus kann von einer hohen Dynamik in den Anfangsjahren auf zunehmende operative Stabilität in den Folgejahren geschlossen werden.

Die Tomorrow Focus AG hat erstmalig in der Unternehmenshistorie für das Jahr 2012 Dividendenausschüttung angekündigt, sodass angenommen werden kann, dass die finanziellen Ressourcen bis dato unternehmensintern für Wachstums- und damit rentable Investitionspotentiale genutzt wurden.[237]

Als weiteres Merkmal von überproportionalem Wachstum soll im Weiteren die Wachstumsquote überprüft werden.[238] Dabei soll für die Wachstumsquote die Umsatzentwicklung der Tomorrow Focus AG mit dem Branchenwachstum verglichen werden. Als Näherungswert der Branche wird die Marktkapitalisierung der Technologie-Werte des Deutscher Aktienindex (TecDAX) herangezogen, welcher u.a. die führenden Unternehmen der Internetbranche beinhaltet, darunter *United Internet AG, Freenet AG, Xing AG*.[239] Der TecDAX entwickelte sich seit der Gründung in 2003 von 352 Punkten zu 685 bis Ende 2011, was einem Wachstum von 95% entspricht.[240] Die Tomorrow Focus AG konnte im gleichen Zeitraum ein Umsatzwachstum von 177% realisieren. Damit liegt das Wachstum deutlich höher als der Näherungswert der Branche.

Die Tomorrow Focus AG beschloss im Jahr 2010 eine Neuausrichtung der Strategie mit der Bezeichnung „Aggressives Wachstum".[241] Damit wird bereits die Richtung für die Konzernentwicklung sehr deutlich ausgedrückt. Die Fokussierung liegt vor allem auf einem

---

[235] Dabei sind nach Einschätzung der Tomorrow Focus AG folgende Unternehmen zu nennen: *EliteMedianet GmbH, HollidayCheck AG* und *CELLULAR GmbH*, vergleiche dazu *Tomorrow Focus AG* (2012b).
[236] Für die Wertermittlung vergleiche Tabellenblatt „GUV" auf der beigefügten Datei.
[237] Vgl. *Tomorrow Focus AG* (2012b). Dies stellt eine Charakteristika von Wachstumsunternehmen dar, vergleiche Abschnitt 2.1.3., sowie Abschnitt 3.9.
[238] Vgl. Abschnitt 2.1.3.
[239] Vgl. *OnVista* (2012a).
[240] Vgl. *OnVista* (2012b).
[241] Vgl. *Tomorrow Focus AG* (2012a)

organischen Wachstum der bereits vorhandenen Unternehmensgruppen durch Internationalisierung, Verbesserung der vorhandenen Produkte sowie durch Stärkung der Marken als Marktführer. Dabei sollen vor allem *HolidayCheck AG* sowie *Elitemedianet GmbH* in den kommenden Jahren insbesondere auf dem europäischen Markt zunehmend expandieren. Des Weiteren soll ein Teil des Wachstums durch Akquisitionen in den drei Segmenten erreicht werden.

Die beabsichtigten hohen Investitonsaufwendungen der kommenden Jahre dürften einen negativen Einfluss auf die Gewinnmargen des Konzerns haben. Nach Analystenmeinungen sowie dem Vorstand der Tomorrow Focus AG sollten die Margen des Konzerns allerdings zunehmend steigen, da Möglichkeiten prognostiziert werden, Synergieeffekte innerhalb der Segmente zu nutzen und damit den Wissenstransfer zu verbessern.[242] Des Weiteren sind Skaleneffekte vor allem in den Segmenten *Transactions* und *Advertising* zu erwarten, insbesondere durch die Expandierung bereits vorhandener Geschäftsmodelle in neue Märkte sowie zusätzliche Lerneffekte in allen drei Segmenten.

Die Marktentwicklungsprognosen für die relevanten Märkte (transaktionsbasierte Online-Angebote, Onlinewerbung, IT-Services) werden sowohl von der Tomorrow Focus AG als auch von den Analysten langfristig als positiv bewertet.[243] Im Bereich transaktionsbasierte Online-Angebote wächst, insbesondere in Deutschland, die Anzahl und das Volumen an Online-Käufen. Dabei hat sich die Zahl der Online-Käufer gemessen am Anteil der Gesamtbevölkerung von 45% in 2004 zu 68% in 2010 entwickelt, mit einem Volumen von 16,5 Mrd. Euro in 2010.[244] Im Bereich der Onlinewerbung hat sich der Markt von 0,4 Mrd. Euro in 2005 zu 2,3 Mrd. Euro in 2010 entwickelt mit einer Steigerung von 475%.[245] Die IT-Service-Branche entwickelte sich dabei von 26,7 Mrd. Euro in 2004 zu 32,1 Mrd. Euro in 2010, was einem Wachstum von 20% entspricht.[246]

Die Prognosen für mittel- bis langfristige Wettbewerbsentwicklung weisen dabei zwei Tendenzen auf. Es wird angenommen, dass der Wettbewerb, bedingt durch die Attraktivität der Märkte, weiter wachsen wird. Insbesondere in den Bereichen *Transactions* and *Technologies* haben innovative Start-Ups, nicht nur in den Nischenmärkten, gute Entwicklungschancen. Als

---

[242] Vgl. *Deutsche Bank* (2012); *Berenberg Bank* (2012).
[243] Vgl. *The Boston Consulting Group* (2012); *Tomorrow Focus AG* (2012b); *Berenberg Bank* (2012).
[244] Vgl. *Institut für Demoskopie Allensbach* (2012).
[245] Vgl. *Tomorrow Focus Media* (2012).
[246] Vgl. *BITKOM e.V.* (2012); *Tomorrow Focus AG* (2012b).

Folge des steigenden Wettbewerbs ist eine Margenverbesserung für alle Teilnehmer nur schwer durchzusetzen. Dagegen wird langfristig erwartet, dass die Märkte im größeren Maße konsolidieren, wobei einige kapitalstarke Unternehmen vermehrt kleine Start-Ups akquirieren und somit nur einige *Big Player* übrig bleiben.[247] Dies wiederum würde aufgrund des niedrigeren Wettbewerbs eine Margenverbesserung der übrigen Unternehmen führen.

Damit ist zu erwarten, dass die meisten Produkte der Bereiche *Transactions* und *Advertising* langfristig stabile Erträge bei branchenüblichen Margen erreichen werden.

Abschließend soll die Tomorrow Focus AG mit den im Absatz 2 genannten, idealtypischen Charakteristika von Wachstumsunternehmen verglichen werden:

Charakteristika	Tomorrow Focus AG	Übereinstimmung
Wirtschaftliche und rechtliche Existenz	• Derivat/selbstständige Gründung • Beherrschung durch den Hauptinvestor	Keine
Flexibilität und Dynamik	• Flexibilität und Dynamik auf exogene und endogene Veränderungen	Hoch
Überproportionales Wachstum	• Hohes Wachstum in Relation zur Branche • Vrs. hohes Wachstum in den kommenden Jahren	Hoch
Erhöhtes Risiko	• Produktdiversifikation in einer Branche • Branchenerfahrung durch Übernahme der Mitarbeiter aus den verschmolzenen Unternehmen • Übernahme der Kunden- und Lieferantenbeziehungen aus den verschmolzenen Unternehmen	Gering

Tabelle 5 Vergleich der Tomorrow Focus AG mit idealtypischen Wachstumsunternehmen[248]

Aus der Gegenüberstellung in der Tabelle 5 wird deutlich, dass einige der Charakteristika kaum bzw. nicht auf das zu bewertende Unternehmen zutreffen. Vor allem ist die wirtschaftliche und rechtliche Existenz sowie ein erhöhtes Risiko nur im beschränkten Maße vorhanden.

Auch sei hier anzumerken, dass die traditionelle Unternehmensbewertung bei Konzernen teilweise einen anderen Bewertungsansatz verfolgt als bei Einzelunternehmen. Die Bergründung liegt in dem Umstand, dass ein Konzern aus mehreren Einzelunternehmen besteht und somit jedes Unternehmen bzw. dessen Produkte und Produktpotentiale einzeln zu bewerten sind (*Sum of the Parts-Bewertung*).[249] Jedoch lässt sich hier anführen, dass ein Konzern letztendlich die Subsummierung der Einzelunternehmen darstellt, welche es beherrscht und damit über die Produkte und Produktpotentiale entscheidet. Ein Konzern

---

[247] Vgl. *Tomorrow Focus AG* (2012b).
[248] Eigene Darstellung.
[249] Vgl. *Ernst et al.* (2003) S. 146 f.

unterliegt damit grunsätzlich in gleichen Maßen den Markt- und Entwicklungschancen wie ein Einzelunternehmen.[250]

Diese Argumentation widerspricht auf den ersten Blick den Ausführungen aus Abschnit 1.1, jedoch zeigten die bereits dargestellten Aspekte, wie die wirtschaftliche Entwicklung der Tomorrow Focus AG, die Flexibilität des Managements neue Wege zu gehen als auch die Unternehmensdynamik deutlich auf, dass die Tomorrow Focus AG als Wachstumsunternehmen betrachtet werden kann.

4.2. Bewertung der Tomorrow Focus AG

4.2.1. Annahmen der Modellparameter[251]

Dynamik der Umsatzerlöse

Als Startwert für die Umsätze R_0 wurde der Umsatz des aktuellen Quartalberichts (2011/Q3) mit 34,27 Mio. Euro herangezogen.[252] Für die Ausgangsvolatilität der Umsatzerlöse σ_0 wird die Volatilität der Umsätze ab Q3 2002 bis Q3 2011 mit 24,37% herangezogen.[253] Für das langfristige Gleichgewicht der Volatilität der Umsatzerlöse $\bar{\sigma}$ wird angenommen, dass diese sich langfristig um die Hälfte der Anfangsvolatilität verringert ($\bar{\sigma}$=12,18%).

Die Zufallszahlen ε_R sind dabei standardnormalverteilt, mit N(0,1).[254]

Für die Mean-Reversion-Prozesse wird die Problematik der Parameterbestimmung des Modells deutlich. So ist es notwendig teilweise weit in die Zukunft reichende Entwicklungen zu prognostizieren. Dabei werden Annahmen getroffen, die zum einen stark abhängig von unterschiedlichen, kaum bestimmbaren Einflussfaktoren sind und sich zum anderen nur sehr schwer verifizieren lassen.[255]

---

[250] Es sei hier angemerkt, dass durchaus Unterschiede beispielsweise beim Gesamtrisiko zwischen Einzelunternehmen und Konzernen existieren, jedoch wird hier auf Grund des begrenzten Umfangs dieser Untersuchung, auf die detaillierte Differenzierung zwischen Einzelunternehmen und Konzernen verzichtet. Vergleiche dazu *Matiaske* (2000) S. 11 ff. und die dort angegebene Literatur.

[251] Die nachfolgenden Annahmen bezüglich der Modellparameter wurden in Anhang A zusammengefasst. Auf Grund des Umfangs der den Berechnungen zugrunde liegenden Datensätze wurde auf eine vollständige Aufnahme der Datensätze im Anhang verzichtet. Die vollständigen Datensätze sind auf dem Datenträger zu finden, der der Untersuchung beigefügt ist.
Die Prognosen wurden Analystenberichten entnommen, welche aus der Datenbank *THOMSON ONE* stammen *THOMSON ONE* (2012), sowie den Berichten: *Berenberg Bank* (2012) und *Deutsche Bank* (2012).

[252] Vgl. *Tomorrow Focus AG* (2012b).

[253] Für die Datenermittlung vergleiche Tabellenblatt „GUV" auf der beigefügten Datei.

[254] Dies gilt für alle weiteren Zufallszahlen ($\varepsilon_\mu, \varepsilon_\gamma$), sodass diese Parameter nicht weiter aufgeführt werden.

[255] Als Einflussfaktoren können u.a. die Gesamtmarkt-, Branchenentwicklung, interne Unternehmensentwicklung, etc. genannt werden. Vergleiche dazu *Schwall* (2001) S. 164 f. Die Problematik der Verifizierung beruht wiederum auf der einzelfallabhängigen Prognose der Entwicklung.

Im Rahmen des Mean-Reversion-Prozesses der Volatilität der Umsatzerlöse σ_R wird eine Halbwertzeit κ_σ von 0,07702 angenommen, was einer Annäherung an ein langfristiges Gleichgewicht von ca. 60 Quartalen bzw. 15 Jahren entspricht, vergleiche Abbildung 11.[256]

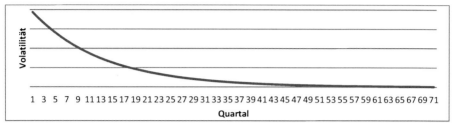

Abbildung 11 Entwicklung zu einem langfristigen Gleichgewicht bei einer Halbwertzeit von 0,07702.[257]

Für die Korrelationen der Zufallszahlen ($\rho_{R,\mu}, \rho_{R,Y}, \rho_{\mu,Y}$) wird angenommen, dass diese gleich Null sind.[258]

Der Marktpreis des Risikos für das realisierte Umsatzwachstum λ_R, der dem Produkt aus Korrelation zwischen Veränderung der Umsatzerlöse und Renditen des Marktportfolios und der Volatilität der Renditen des Marktportfolios ($\rho_{RM} \cdot \sigma_M$) entspricht, beträgt 0,0429319.[259] Als Marktportfolio wurde ein Aktienindex verwendet, der eine größtmögliche Marktportfoliorepräsentanz aufweist. Dafür wurde der Composite DAX (CDAX) gewählt, der alle an der Frankfurter Wertpapierbörse im General Standard und Prime Standard notierten deutschen Aktien beinhaltet. Allerdings wird bei der Ermittlung des Marktpreises des Risikos deutlich, dass die Umsatzveränderungen der Tomorrow Focus AG nur in einem geringen Maße von 0,3 mit der Renditeveränderungen des CDAX korrelieren. Dies bedeutet, dass lediglich 9% ($r^2=0,09$) der Umsatzveränderungen durch die Renditeveränderungen des CDAX erklärt werden können und vice versa.[260]

Dynamik des Umsatzwachstums

Als Anfangswert für das Umsatzwachstum μ_0 wird der Durchschnitt des historischen Umsatzwachstums verwendet, wobei die Tomorrow Focus AG über den Zeitverlauf eine Wachstumsrate von 6,5% aufweist.[261] Für das langfristige Gleichgewicht der Wachstumsrate $\bar{\mu}$ ist auch hier ein schwierig zu prognostizierender Schätzwert notwendig. Als langfristiges

---

[256] Diese Annahme gilt für alle Mean-Reversion-Prozesse.
[257] Eigene Darstellung. Vergleiche Tabellenblatt „Halbwertzeit" auf der beigefügten Datei.
[258] Dies gilt für alle weiteren Korrelationen der Zufallszahlen ($\rho_{R,Y}, \rho_{\mu,Y}$). Inwieweit Korrelationen tatsächlich messbar sind, oder zumindest sinnvoll erscheinen wird im Modell nicht erläutert.
[259] Vgl. Anhang B. Vergleiche Tabellenblatt „Lambda" auf der beigefügten Datei.
[260] Vgl. Anhang B. Vergleiche Tabellenblatt „Lambda" auf der beigefügten Datei.
[261] Vgl. Tabellenblatt „GUV" auf der beigefügten Datei.

Gleichgewicht kann die stabile, nachhaltige Wachstumsrate der Branche gewählt werden.[262] Dies führt allerdings über den langen Zeitraum zu Prognoseschwierigkeiten.

Daher soll als aggregiertes Maß der wirtschaftlichen Leistung einer Volkswirtschaft das Bruttoinlandsprodukt (BIP) der Bundesrepublik Deutschland herangezogen werden mit $\bar{\mu}=0{,}66\%$.[263]

Es sei hier angemerkt, dass für einen langfristigen Horizont das BIP durchaus verwendet werden kann aber es ist zu erwarten, dass die Internetbranche auch über einen längeren Horizont mit einem Wachstum über dem BIP liegen wird. Somit handelt es sich dabei eher um eine pessimistische Annahme. Alternativ kann auch das historische Wachstum der Europäischen Union herangezogen werden, da das Unternehmen auf den Europäischen Markt fokussiert ist. Allerdings würde man aufgrund der aktuellen Europäischen Wirtschaftskrise zu noch pessimistischeren Annahmen kommen.

Die Ausgangsvolatilität der Umsatzwachsrate η_0 ist im Modell von Schwartz und Moon ein kritischer Parameter, da dieser nach Schwartz und Moon nicht konkret beobachtbar ist. Daher leiten Schwartz und Moon diesen aus der durchschnittlichen Volatilität der Aktie ab.[264] Für die Tomorrow Focus AG beträgt die Volatilität der Umsatzwachsrate $\eta_0=25{,}11\%$ pro Quartal.[265] Das langfristige Gleichgewicht der Volatilität der Umsatzwachsrate $\bar{\eta}$ geht nach Schwartz und Moon gegen Null, sodass dieser Vorschlag für diese Untersuchung übernommen wird.[266]

An dieser Stelle wird der Nachteil der Bestimmung der Volatilität der Wachstumsrate durch die Aktienvolatilität deutlich. Konsequenterweise müsste die langfristige Volatilität der Wachstumsrate der langfristigen Aktienvolatilität entsprechen. Diese dürfte aber nie Null werden, da damit ein gleichbleibender Aktienwert am Aktienmarkt unterstellt wäre.

Dynamik der variablen Kosten

Die Ausgangswerte für die fixen und variablen Kosten werden anhand einer Regressionsanalyse der Kosten über die Umsätze mithilfe der Daten aus den letzten sieben Quartalen be-

---

[262] Vgl. Abschnitt 3.5.
[263] Vergleiche Tabellenblatt „BIP 1991-2011" auf der beigefügten Datei.
[264] Vgl. *Schwartz/Moon* (2001) S. 17. Diese Annahme würde implizieren, dass Schwankungen der Aktienkurse stark mit den Veränderungen der Wachstumsrate korrelieren. Inwieweit dies auf die Realität zutrifft, ist gegebenenfalls (ggf.) zu überprüfen.
[265] Vergleiche Tabellenblatt „Aktienkurs" auf der beigefügten Datei.
[266] Vgl. *Schwartz/Moon* (2001) S. 9.

stimmt.²⁶⁷ Als Ergebnis betragen die Fixkosten F=9,57 Mio. Euro und die variablen Kosten γ_0=62% der Gesamtkosten.²⁶⁸

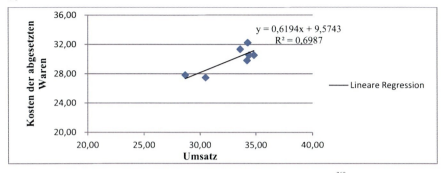

Abbildung 12 Lineare Regression vom Umsatz und Kosten der abgesetzten Waren²⁶⁹

Für den langfristigen variablen Kostensatz $\bar{\gamma}$ kann angenommen werden, dass der langfristige variable Kostensatz dem jetzigen Kostensatz gleichgesetzt wird, was einer in der Praxis häufig angewandten Annahme entspricht.²⁷⁰ Damit entsprechen die langfristigen variablen Kostensätze $\bar{\gamma}$ dem aktuellen Kostensatz $\gamma_0 = \bar{\gamma} = 62\%$.²⁷¹

Die Anfangsvolatilität des variablen Kostensatzes φ_0 wird über die Standardabweichung der variablen Kosten im Verhältnis zum Umsatz über die letzten sieben Quartale berechnet. Für die langfristige Volatilität des variablen Kostensatzes $\bar{\varphi}$ wird angenommen, dass sich die Anfangsvolatilität um die Hälfte verringert. Somit beträgt die Anfangsvolatilität des variablen Kostensatzes φ_0=3,71%, mit der langfristigen Volatilität $\bar{\varphi}$=1,86%.²⁷²

---

[267] Vergleiche Tabellenblatt „GUV" auf der beigefügten Datei. Bei der Wahl der Datenhistorie steht man vor einem Dilemma, da bei der Berücksichtigung einer längeren Datenhistorie zwar die „Ausreißer" in der Regression weniger berücksichtigt werden, dafür fällt die aktuelle Kostensituation weniger ins Gewicht. Daher soll an dieser Stelle die aktuelle Kostensituation stärker berücksichtigt werden als das Risiko von „Ausreißern".

[268] Im Modell von Schwartz und Moon wird ein Wachstum der Fixkosten nicht berücksichtig. Es ist aber zu erwarten, dass die Fixkosten in bestimmten Branchen eine größere Bedeutung haben als in anderen. Für die Tomorrow Focus AG, als ein Dienstleistungsunternehmen, dürfte dies jedoch eine untergeordnete Rolle spielen.

[269] Eigene Darstellung.

[270] Vgl. Keiber et al. (2002) S. 744. Als Alternative wären die langfristigen Kosten einer *Peer-Group* heranzuziehen, welche in dem Fall der Tomorrow Focus AG aus den Unternehmen *Adlink, United Internet, Onvista, web.de* und *Lycos Europe* bestehen. Allerdings befinden sich die meisten Unternehmen der Peer-Group selbst in der Wachstumsphase, sodass keine korrekten Annahmen bezüglich der langfristigen Kosten mithilfe der Peer-Group möglich sind.

[271] Damit handelt es sich um eine pessimistische Annahme, da langfristig zu erwarten ist, dass die Tomorrow Focus AG eine Margenverbesserung erzielen wird. Vergleiche dazu Abschnitt 4.1.2.

[272] Vergleiche Tabellenblatt „GUV" auf der beigefügten Datei.

Investitionen und Abschreibungen

Im Modell wird zwar vorgeschlagen, die Investitionsausgaben $Capex$ bis zum Planungshorizont $\bar{t}$ durch Plandaten $CX(t)$ zu ermitteln, allerdings ist dies gerade aufgrund des Planhorizontes von 15 Jahren nicht realistisch, sodass die geschätzten Investitionen als Rate der Umsatzerlöse CR bestimmt werden.

Die geschätzten Investitionen als Rate der Umsatzerlöse CR werden als Anteil der Umsatzerlöse über Analystenschätzungen ermittelt, um vor allem die zukünftigen Investitionsausgaben zu berücksichtigen. Für die Jahre 2010-2014 werden die Investitionsausgaben voraussichtlich 3,14% des Umsatzes ausmachen.[273]

Die Abschreibungen als Rate des Sachanlagenvermögens DR werden ebenfalls über Analystenschätzungen ermittelt, um eine einheitliche Bewertungsbasis der Investitionsausgaben und Abschreibungen zu ermöglichen. Es wird die Abschreibungsrate ab dem Jahr 2011 verwendet, da in 2010 außerordentliche Abschreibungen auf immaterielle Vermögenswerte stattgefunden haben.[274] Die Abschreibungsrate wird damit voraussichtlich 4,14% des Sachanlagevermögens P betragen.[275]

---

[273] Vgl Anhang C; *Deutsche Bank* (2012); *Berenberg Bank* (2012).
[274] Vgl. *Tomorrow Focus AG* (2012b).
[275] Vgl. Anhang C; *Deutsche Bank* (2012); *Berenberg Bank* (2012). Vergleiche Tabellenblatt „Invest.&Abschr.(forecast)" auf der beigefügten Datei.

Bilanzdaten

Aus der Bilanz von Q3 2011 wird der gegenwärtige Kassenbestand X_0 mit 36,05 Mio. Euro, der Verlustvortrag L_0 mit 0 Euro sowie das Sachanlagevermögen inklusive immaterielle Vermögensgegenstände P_0 mit 110,13 Mio. Euro bestimmt.[276] Des Weiteren lassen sich über den Jahresabschluss die Anzahl der ausgegebenen Aktien (53.012.390 Stück (Stk.)), die Anzahl der Wandelanleihen (0 Stk.) sowie der Buchwert des Fremdkapitals mit 60,37 Mio. Euro bestimmen.[277]

Umweltparameter

Unter dem Umweltparameter sollen der Steuersatz sowie der risikolose Zins dargestellt werden. Dabei soll an dieser Stelle dem Vorschlag des Institutes der Wirtschaftsprüfer in Deutschland e.V. (IDW) gefolgt werden, der zur Ermittlung eines objektiven Unternehmenswertes einen typisierten Ertragssteuersatz von 35% inklusive (inkl.) Kirchensteuer und Solidaritätszuschlag vorschlägt.[278]

Als risikoloser Zins werden die 10- bis 30-jährigen Staatsanleihen der Bundesrepublik Deutschland herangezogen werden mit 2% per annum (p.a.) (mit 0,5% pro Quartal).[279]

Weitere Parameter

Als Länge der Simulationsperiode Δt wird ein Quartal gewählt, da die verfügbaren Unternehmensdaten ebenfalls pro Quartal ermittelt wurden.

Das Unternehmen kann ferner maximal Schulden X^* in Höhe der Sachanlagen zum Zeitpunkt t aufnehmen. Sollte der Verschuldungsgrad diese übersteigen, ist das Unternehmen als zahlungsunfähig zu bewerten.

Als EBITDA-Multiplikator wird dem Vorschlag von Schwartz und Moon gefolgt, wonach ein in der Praxis verwendeter EBITDA-Multiplikator von 10 angenommen wird.[280]

---

[276] Vgl. *Tomorrow Focus AG* (2012b).
[277] Vgl. *Tomorrow Focus AG* (2012b).
[278] Vgl. *IdW* (2005), S. 14.
[279] Vgl. *OnVista* (2012d), *OnVista* (2012e).
[280] Vgl. *Schwartz/Moon* (2001) S.21; *Meyer* (2006) S. 126. Die ermittelte Peer Group der Tomorrow Focus AG bestehend aus *SEDO Holding* (ehemals *Adlink*) und *United Internet AG* ergibt einen EBITDA-Multiple von ca. 11, sodass die praktische Annahme eines EBITDA-Multiple von 10 als gerechtfertigt betrachtet werden kann. Damit handelt es sich eher um eine vorsichtige Annahme bezüglich des EBITDA-Multiple. Vergleiche Anhang D, sowie Tabellenblatt „Multiple" auf dem beigefügten Datenträger.

Simulationsparameter

Die Genauigkeit der Ergebnisse hängt bei der Monte Carlo Simulation maßgeblich von der Anzahl der simulierten Werte ab. Die folgende Abbildung soll die Cash-Flow Entwicklung in Abhängigkeit der simulierten Anzahl verdeutlichen:

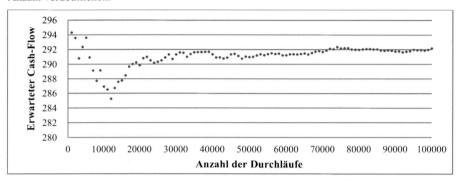

Abbildung 13 Cash-Flow Entwicklungen in Abhängigkeit der Simulationsdurchläufe[281]

Dabei wird deutlich, dass bei bis zu 50.000 Simulationen ein Mittelwert mit 290,48 und einer Standardabweichung von 1,8 vorliegt, während sich bei 50.000 bis 100.000 Simulationen ein Mittelwert von 291,71 mit einer Standardabweichung von lediglich 0,3 ergibt. Mit der steigenden Anzahl an Durchläufen erhöht sich zum einen, aufgrund der rechtsschiefen Verteilung, die Cash-Flow Entwicklung und damit der Unternehmenswert und zum anderen weisen die Werte eine kleinere Abweichung auf. Allerdings muss hier aufgrund der Rechenintensität in Abhängigkeit der Simulationen zwischen Genauigkeit und Aufwand abgewogen werden. In der folgenden Bewertung soll mit 50.000 Simulationen gerechnet werden, wonach sich für die von Schwartz/Moon vorgeschlagene Anzahl von 100.000 Simulationen im der ersten Veröffentlichung und 10.000 Simulationen in der zweiten Veröffentlichung eine Ergebnisabweichung von -0,4% sowie +1% ergibt.[282]

---

[281] Eigene Darstellung, vergleiche Tabellenblatt „Cash-Flow_Anzahl der Simulation" auf dem Datenträger.
[282] Vgl. *Schwartz/Moon* (2000) S.67, *Schwartz/Moon* (2001) S. 21. Zur Werteermittlung vergleiche Tabellenblatt „Cash-Flow_Anzahl der Simulation", auf dem beigefügten Datenträger.

4.2.2. Unternehmenswert

Mithilfe von Excel wird bei 50.000 Simulationen ein durchschnittlicher Wert zum Zeitpunkt T von 448 Mio. Euro ermittelt, mit einer Ausfallwahrscheinlichkeit von ca. 25%.[283]

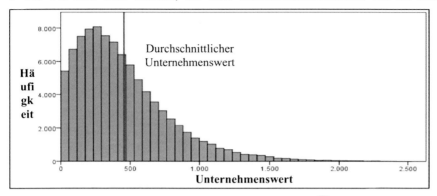

Abbildung 14 Simulierte Unternehmenswerte[284]

Der Unternehmenswert setzt sich dabei zusammen aus dem durchschnittlichen Kassenbestand zum Zeitpunkt T (275 Mio. Euro) sowie dem durchschnittlichen Cash-Flow zum Zeitpunkt T (17,29 Mio. Euro) multipliziert mit dem EBITDA-Multiple von 10, sodass sich ein Residualgewinn von 172,9 Mio. Euro ergibt.[285]

An dieser Stelle wird ein Vorteil des Modells gegenüber den traditionellen Bewertungsverfahren deutlich. Der Residualwert hat mit 39% einen verhältnismäßig geringen Anteil am Unternehmensgesamtwert. Dagegen können Residualwerte in traditionellen Bewertungsverfahren einen wesentlichen Anteil am Gesamtwert von Wachstumsunternehmen ausmachen, sodass die Ermittlung des Residualwertes sehr genau erfolgen müsste.[286]

Der Unternehmenswert wird auf den heutigen Zeitpunkt mit dem risikolosen Zinssatz diskontiert (331,89 Mio. Euro) sowie um die Schulden zum Buchwert von 60,37 Mio. Euro reduziert. Der daraus resultierende Marktwert des Eigenkapitals beträgt 271,52 Mio. Euro. Dies ergibt einen Aktienwert von 5,12 Euro pro Aktie, wobei der Aktienwert 0,92 Euro über dem

---

[283] Vgl. Anhang E. Wie bereits in Abschnitt 3.10 dargestellt handelt es sich bei der Ausfallwahrscheinlichkeit lediglich um einen groben Wert, daher wird im Weiteren nicht näher auf die Ausfallwahrscheinlichkeit eingegangen.
[284] Eigene Darstellung.
[285] Vgl. Anhang E, vergleiche Tabellenblatt „Simulation Output" auf dem beigefügten Datenträger.
[286] Vgl. Abschnitt 3.11.

aktuellen Börsenkurs und 1,12 Euro über dem DCF-Wert der Analysten liegt.[287] Das Unternehmen gilt somit als unterbewertet.

Der Marktwert des Unternehmens setzt sich dabei folgendermaßen zusammen:

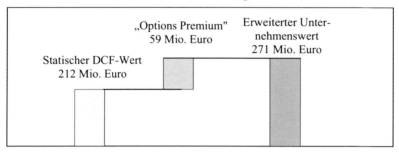

Abbildung 15 Erweiterter Unternehmenswert der Tomorrow Focus AG[288]

Schwartz und Moon führten bei der Bewertung des Unternehmens *Amazon* sowie *Ebay* eine Sensitivitätsanalyse durch, um zu prüfen, inwieweit Veränderungen von ausgewählten Ausgangsparametern einen Einfluss auf den Unternehmenswert haben und dementsprechend bei der Bestimmung besonderer Sorgfalt unterliegen sollten.[289]

Als Ergebnis konnten folgende Parameter mit einem hohen Einfluss auf den Unternehmenswert ermittelt werden:

- Ausgehendes Umsatzwachstum (μ_0)
- Ausgehende Volatilität des Umsatzwachstums (η_0)
- Langfristiges Umsatzwachstum ($\bar{\mu}$)
- Anpassungsgeschwindigkeiten der Wachstumsrate (κ_μ)
- Variable Kosten (γ)

Das ausgehende Umsatzwachstum μ_0 und das langfristige Umsatzwachstum $\bar{\mu}$ stellen den Drift des Umsatzes dar, sodass ein Unternehmen ein größeres Wertentwicklungspotential aufweist, je höher der Erwartungswert hinsichtlich des Umsatzwachstums ist. Dies steht im Einklang sowohl mit der klassischen Bewertungslehre als auch mit der Optionsbewertung, bei der eine höhere Driftrate auch mit höheren Erwartungswerten verbunden ist.[290]

Die Erhöhung der Anpassungsgeschwindigkeiten der Wachstumsrate κ_μ führt zu einem signifikant kleineren erwarteten Unternehmenswert. Dies ist letztendlich damit zu begründen, dass das Unternehmen schneller in die Reifephase tritt und somit schneller die langfristige Umsatzwachstumsrate $\bar{\mu}$ erreicht, welche unter dem ausgehenden Umsatzwachstum μ_0 liegt.

---

[287] Vgl. *Deutsche Bank* (2012); *OnVista* (2012c).
[288] Eigene Darstellung.
[289] Vgl. *Schwartz/Moon* (2001) S. 23 f. und *Schwartz/Moon* (2000) S. 70. Auf Grund des begrenzten Umfanges dieser Untersuchung wird auf eine Sensitivitätsanalyse der Tomorrow Focus AG verzichtet.
[290] Vgl. *Hull* (2006) S. 330 f.

Die Erhöhung der ausgehenden Volatilität des Umsatzwachstums η_0 beeinflusst dabei positiv den Unternehmenswert, da mit steigender Volatilität die Chance auf positive Entwicklung aufgrund der asymmetrischen Risiko/Chance-Struktur steigt. Dies steht ebenfalls im Einklang mit der Finanz- und Realoptionstheorie und verdeutlicht damit den Optionscharakter bei Wachstumsunternehmen.[291]

Als letzter Parameter mit einem signifikant negativen Einfluss auf den erwarteten Unternehmenswert ist die Höhe der variablen Kosten γ zu nennen. Hier kann argumentiert werden, dass die variablen Kosten letztendlich die Margen und damit direkt den Cash-Flow beeinflussen, sodass bei einer Erhöhung des Parameters der Cash-Flow sinkt. Dagegen führt eine Verringerung zu höheren Margen.

4.3. Zusammenfassende Beurteilung des Schwartz/Moon-Modells

Das vorgestellte Modell von Schwartz/Moon kann als eine Kombination des DCF-Verfahrens und dem Optionsbewertungsansatz durch implizite Berücksichtigung der Handlungsflexibilität bezeichnet werden. Dabei werden die Vorteile des DCF-Verfahrens mit der Wertbestimmung und Ermittlung des Unternehmenswertes anhand des Cash-Flows sowie den Eigenschaften von (Finanz- und Real-)Optionen mit der Verlustbegrenzung einer Option nach unten sowie theoretisch unbegrenzte Entwicklungschancen nach oben vereint.

Im Modell werden den besonderen Charakteristika von Wachstumsunternehmen Rechnung getragen, indem die Flexibilität und Dynamik nicht nur als Risiko, sondern vor allem als Chance auf positive Entwicklungsmöglichkeiten abgebildet werden.

Des Weiteren werden die Besonderheiten von Lebenszyklusphasen berücksichtigt, indem als Bewertungshorizont die voraussichtliche Reifephase eines Wachstumsunternehmens definiert wird. Damit sollen vor allem die Nachteile der klassischen Unternehmensbewertung mit kurzen Prognosezeiträumen sowie einem hohen Anteil des Residualwertes am Unternehmenswert vermieden werden.

Das Modell lässt sich im Vergleich zu analytischen Verfahren relativ unproblematisch an reale Gegebenheiten erweitern bzw. anpassen. Beispielsweise ist es möglich, Interdependenten zwischen den stochastischen Prozessen, persönliche Einkommensteuern sowie den Eintritt seltener Ereignisse durch *Poisson*-Sprungprozesse[292] zu berücksichtigen bzw. zu modellieren.

---

[291] Vgl. *Trigeorgis* (2000) S. 124 f.; *Hull* (2006) S. 256 ff.
[292] Vgl. *Ehrhardt/Merlaud* (2004) S. 782 ff.

Als Vorteil gegenüber klassischen Bewertungsverfahren, wie dem DCF-Modell, werden durch die Monte-Carlo-Simulation Wahrscheinlichkeitsräume zu erwartender Unternehmensentwicklungen abgebildet, anstelle von Punktschätzungen. Damit lassen sich das Entwicklungspotential sowie die Risiken in Form von Ausfallwahrscheinlichkeiten besser einschätzen.

Außerdem werden die Nachteile der Ermittlung eines risikoangepassten Zinssatzes bei der Risikoberücksichtigung umgangen, indem das Modell unter dem risikoneutralen Wahrscheinlichkeitsmaß formuliert wird.

Allerdings weist das Modell auch einige entscheidende Schwächen auf.

Demnach ist der Aufwand bei der Bestimmung der über 25 Modellparameter im Vergleich zum DCF-Verfahren sehr hoch.

Daraus ergibt sich eine mangelnde Transparenz des Modells aufgrund der hohen Anzahl an Modellparametern sowie deren komplexer Modellierung. Zusätzlich ist die Ermittlung einiger Parameter, die vor allem mit der langfristigen Entwicklung zusammenhängen, teilweise nur schwer bestimmbar. Damit beruht die Ermittlung auf sehr subjektiven Einschätzungen. Daher ist auch die Nachvollziehbarkeit der Ergebnisse nur bedingt möglich. Für das Verständnis und den Einfluss der Modellparameter auf den Unternehmenswert sind ferner detaillierte Sensitivitätsanalysen notwendig.

Daraus ergibt sich als weiterer Kritikpunkt auch ein hoher Rechenaufwand, der durch die entsprechend hohe Anzahl an Simulationen entsteht. Für eine Sensitivitätsanalyse ist dabei der Einfluss <u>aller</u> Parameter auf die Unternehmenswertentwicklung zu prüfen.

In Bezug auf die Modellparameter wird bei der Risikoanpassung wird unterstellt, dass ausschließlich die Umsatzentwicklung risikobehaftet ist. Es wird jedoch nicht weiter begründet, warum ausschließlich die Umsatzentwicklung risikobehaftet sein soll. Dabei ist der Zusammenhang der Umsatzentwicklung der Tomorrow Focus AG und dem Marktportfolio als nicht signifikant zu nennen, sodass an dieser Stelle weiterer Klärungsbedarf hinsichtlich der Risikoermittlung besteht. Zusätzlich sind für die Parameterbestimmung Aktienmarktinformationen notwendig, sodass Unternehmen, die nicht an der Börse gelistet sind, nur eingeschränkt bewertet werden können.[293]

Bei der Verwendung der historischen Daten für die zukünftige Prognose der Unternehmensentwicklung entstehen weitere Problematiken, die ebenfalls bei traditionellen Bewertungsver-

---

[293] Vgl. Abschnitt 4.1.

fahren auftreten.[294] So werden auch im Modell Parameter anhand historischer Unternehmensdaten ermittelt, deren Gültigkeit für die Zukunft unterstellt wird. Hier sei insbesondere der Marktpreis des Risikos, die Investitionsausgaben, sowie die Abschreibungsquote zu nennen. Diese Gültigkeit ist aber sehr fraglich, da sich gerade der Marktpreis des Risikos im Zuge der Etablierung verringern dürfte. Die Problematik wird verstärkt, je kürzer die wirtschaftliche Existenz und damit die verfügbare Datenhistorie ist.[295]

Als letzter Kritikpunkt ist die mathematische Ungenauigkeit der Ergebnisse anzuführen. Letztendlich stellt die Simulation nur eine Schätzung bzw. Approximation möglicher Unternehmenswerte dar. Die Genauigkeit kann zwar in Abhängigkeit der Anzahl der Durchläufe erhöht werden, allerdings ist eine exakte Lösung im Vergleich zu analytischen bzw. geschlossenen Modellen nicht möglich.

Die Schwächen des Modells, insbesondere der hohe Aufwand für die Unternehmensbewertung, sowie die mangelnde Transparenz haben letztendlich dazu geführt, dass das Modell sich in der Praxis bisher nicht etablieren konnte.[296]

---

[294] Vgl. *Schwall* (2001) S. 162 ff. und die dort angegebene Literatur.
[295] Vgl. *Schwall* (2001) S. 162 f. und 172 f.
[296] Vgl. Abschnitt 2.2.1.2.

5. Fazit

In der vorliegenden Untersuchung konnte dargestellt werden, dass die Besonderheiten von Wachstumsunternehmen in Form einer kurzen rechtlichen Existenz, einer hohen Dynamik und Unsicherheit sowie einem hohem Wachstum nur bedingt durch die traditionellen Unternehmensbewertungsverfahren berücksichtigt werden.

Dabei können die Besonderheiten von Wachstumsunternehmen als Handlungsflexibilität in Form von realwirtschaftlichen Optionsrechten des Managements verstanden werden.
Die Realoptionen weisen dabei Analogien zu Finanzoptionen auf, allerdings eignen sich die Finanzoptionsbewertungsverfahren aufgrund eingeschränkter Vergleichbarkeit nur bedingt zur Bewertung von Realoptionen und damit der Handlungsflexibilität des Managements.

Daher wurde das Modell von Schwartz/Moon vorgestellt, das ein eigenständiges Konzept darstellt, um den Besonderheiten von Wachstumsunternehmen Rechnung zu tragen. Dabei kann das Modell als Kombination der Vorteile des DCF-Verfahrens mit der Optionsbewertungstheorie verstanden werden.

Die Bewertung der Tomorrow Focus AG hat gezeigt, dass der ermittelte Unternehmenswert über dem Wert nach dem klassischen DCF-Verfahren liegt, sodass die Unternehmenswertdifferenz als der Wert der Handlungsflexibilität interpretiert werden kann. Ferner konnte aufgezeigt werden, dass Wachstumsunternehmen Optionscharakter aufweisen, sodass analog zu Finanzoptionen steigende Volatilität einen positiven Einfluss auf den Wert hat. Somit wird vor allem deutlich, dass die traditionellen Bewertungsverfahren aufgrund der Vernachlässigung der Flexibilität und Überbewertung des Risikos systematisch zur Unterbewertung von Wachstumsunternehmen führen.

Zudem wurde bei der Bewertung deutlich, dass der konzeptionelle Ansatz von Schwartz/Moon zwar sinnvoll erscheint, allerdings hat das Modell auch nicht zu unterschätzende Schwächen, wie der vergleichsweise hohe Aufwand bei der Bestimmung des Unternehmenswerts sowie die Intransparenz der Ergebnisse. Damit eignet sich das Modell weniger für klassische Unternehmensbewertungsgründe wie den Börsengang, wo die Wertermittlung und -bestimmung transparent und nachvollziehbar sein sollte, sondern vielmehr für Investoren zur Bewertung von Unternehmen am Aktienmarkt.

Für die Etablierung des Modells in der Praxis ist es daher unumgänglich die kritischen Aspekte des Modells zu verifizieren und das Modell weiter zu verfeinern. Gleichzeitig bedarf es der Entwicklung von standardisierten und eventuell industriespezifischen Lösungsansätzen zur Parameterbestimmung, beispielsweise mithilfe von standardisierter Software.[297]

---

[297] Vgl. *Hommel/Pritsch* (1999) S. 139.

Anhang

A. Simulationsparameter

Parameter	Quelle	Notation	Wert
Anfänglicher Umsatz	Aktuelle GuV (pro Quartal)	R_0	34,27 Mio.€
Anfänglicher Verlustvortrag	Aktuelle Bilanz	L_0	0
Anfänglicher Kassenbestand	Aktuelle Bilanz	X_0	36,05 Mio.€
Ausgehendes Umsatzwachstum	Mittelwert historisches Umsatzwachstum (pro Quartal)	μ_0	6,50%
Ausgehende Umsatzvolatilität	Standardabweichung historisches Umsatzwachstum (pro Quartal)	σ_0	24,37%
Ausgehende Volatilität des Umsatzwachstums	Aktienkursvolatilität (pro Quartal)	η_0	25,11%
Korrelationen zwischen dem realisierten Umsatzwachstum und dem erwarteten Umsatzwachstum	Geschätzt aus historischen Daten oder aus Branchenvergleichen	$\rho_{R,\mu}$	0
Korrelationen zwischen dem realisierten Umsatzwachstum und dem variablen Kostensatz	Geschätzt aus historischen Daten oder aus Branchenvergleichen	$\rho_{R,\gamma}$	0
Korrelationen zwischen dem erwarteten Umsatzwachstum und dem variablen Kostensatz	Geschätzt aus historischen Daten oder aus Branchenvergleichen	$\rho_{\mu,\gamma}$	0
Langfristiges Umsatzwachstum	Branchen-/Marktabhängig (pro Quartal)	$\bar{\mu}$	0,66%
Langfristige Umsatzvolatilität	Branchen-/Marktabhängig (pro Quartal)	$\bar{\sigma}$	12,18%
Langfristige Volatilität der Wachstumsrate	Annahme nach Schwartz und Moon	$\bar{\eta}$	0
Konzernsteuersatz	Körperschaft- und Gewerbesteuer	τ_c	35%
Risikoloser Zins	Zins der Staatsanleihen (pro Quartal)	r	0,5%
Anpassungsgeschwindigkeiten der Wachstumsrate	Annahmen aus Analystenberichten (pro Quartal)	κ_μ	0,07702
Anpassungsgeschwindigkeiten der Volatilität der Umsatzerlöse	Annahmen aus Analystenberichten (pro Quartal)	κ_σ	0,07702
Anpassungsgeschwindigkeiten der Volatilität der Wachstumsrate	Annahmen aus Analystenberichten (pro Quartal)	κ_η	0,07702
Anpassungsgeschwindigkeiten des variablen Kostensatzes	Annahmen aus Analystenberichten (pro Quartal)	κ_γ	0,07702
Anpassungsgeschwindigkeiten der Volatilität des variablen Kostensatzes	Annahmen aus Analystenberichten (pro Quartal)	κ_φ	0,07702
Variable Kosten	Regression aus historischen Kosten	γ	62%
Fixkosten	Regression aus historischen und prognostizierten Kosten (pro Quartal)	F	9,57 Mio.€

Langfristiger variabler Kostensatz	Langfristiger Kostensatz = historische und prognostizierte variable Kosten	$\bar{\gamma}$	62%
Anfangsvolatilität des variablen Kostensatzes	Standardabweichung der variablen Kosten im Verhältnis zum Umsatz	φ_0	3,71%
Langfristige Volatilität des variablen Kostensatzes	Annahme	$\bar{\varphi}$	1,86%
Marktpreis des Risikos für das realisierte Umsatzwachstum	Produkt aus Korrelation zwischen Veränderung der Umsatzerlöse und Renditen des Marktportfolios und der Volatilität der Renditen des Marktportfolios ($\rho_{RM} \cdot \sigma_M$) (pro Quartal)	λ_R	0,0429
Simulationshorizont	Erwarteter Zeitpunkt der Stabilität	T	60 Quartale/ 15 Jahre
Periodenlänge	Verfügbares Datenmaterial	Δt	1 Quartal

B. Marktpreis des Risikos

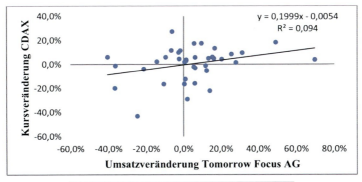

Korrelation	0,3066
Marktvolatilität (pro Quartal)	14,0%
Marktpreis des Risikos	**0,043**

C. Investitionen und Abschreibungen

Investitionen und Abschreibungen	2010	2011	2012e	2013e	2014e
Abschreibungen (in Mio. Euro)	8,1	4,5	4,8	5,7	
Sachanlagen (in Mio. Euro)	119	112,5	120,3	128,9	
Abschreibungen/Sachanlagen	6,81%	4,00%	3,99%	4,42%	
Umsatz (in Mio. Euro)	128,5	135,9	150,8	172	196
Capex (in Mio. Euro)	5,1	4,5	4,5	5	5
Capex/Umsatz	3,97%	3,31%	2,98%	2,91%	2,55%
Investitionsausgaben	3,14%				
Abschreibungsrate	4,14%				

D. Peer Group

Peer Groop	SEDO Holding (ehm. Adlink)	United Internet AG
Enterprise Value (in Mio. Euro)	93	4005
EBITDA (in Mio. Euro)	7,8	364
EV/EBITDA	11,92	11,00

E. Bestimmung des Aktienwertes

Ausfallwahrscheinlichkeit	25,67%
Durchschnittlicher Kassenbestand (T) (in Mio. €)	275,08
Durchschnittlicher Cash-Flow im Jahr T (in Mio. €)	17,29
Restwert (T) (in Mio. €)	172,92
Unternehmenswert (T) (in Mio. €)	448,00
Unternehmenswert (t) (in Mio. €)	331,89
Schulden (t) (in Mio. €)	60,37
Eigenkapitalwert (t) (in Mio. €)	271,52
Anzahl der Aktien (t) (in Stk.)	53.012.390
Aktienwert (t)	5,12 €

Literaturverzeichnis

Achleitner, A.-K./Nathusius, E. (2004), Venture Valuation. Bewertung von Wachstumsunternehmen. Klassische und neue Bewertungsverfahren mit Beispielen und Übungsaufgaben, Stuttgart.

Achleitner, A.-K./Zelger, H./Beyer, S./Mueller, K. (2004), Venture CapitalPrivate Equity-Studie 2004 Company-(E)valuation und EVCA Valuation Guidelines, Bestandsaufnahme der Unternehmensbewertungspraxis von Beteiligungskapitalgesellschaften, in: *Finanz-Betrieb* 6 (10), S. 701–709.

ADAudience (2012), Basisinformationen 2012, http://www.adaudience.de/uploads/media/AdA_Basispraesentation_2012_01.pdf, (20.03.2012).

Adjug (2012), Das Unternehmen, http://www.adjug.de/info/about.asp (20.03.2012).

Aldrich, H./Auster, E. R. (1986), Even dwarfs started small. Liabilities of age and size and their strategic implications, in: *Research in Organizational Behavior* 8, S. 165–198.

Amram, M./Kulatilaka, N. (1999), Real options. Managing strategic investment in an uncertain world, Boston Mass (Financial Management Association survey and synthesis series).

Arnold, R. A. (2010), Economics, 9. Aufl. Mason, OH.

Bamberg, G./Coenenberg, A. G./Krapp, M. (2008), Betriebswirtschaftliche Entscheidungslehre, 14. Aufl., München.

Baxter, M./Rennie, A. (2000), Financial calculus, An introduction to derivative pricing, 1. Aufl. Cambridge u.a.

Berenberg Bank (2012), TOMORROW FOCUS AG, FY11 results in line, good start in 2012.

Berkman, H./Bradbury, M. E./Ferguson, J.(1998), The magic of earnings in terminal value calculations, in: *Journal of Financial Statement Analysis* 3 (4), S. 27–32.

BITKOM e.V. (2012), ITK-Marktentwicklung 2005/2006, http://www.google.de/url?sa=t&rct=j&q=&esrc=s&source=web&cd=1&ved=0CCUQFjAA&url=http%3A%2F%2Fwww.messepilot.de%2Fmessedaten%2Fbranchennews%2FPDFs%2FITK-Marktentwicklung_2004-2005.pdf&ei=mh5zT9a9AcnatAa-wYHHDQ&usg=AFQjCNF61kVMlQVvrIFHIrzofP05YafcBQ&sig2=TZjON6T-Shig5Sa9cnNIUw, (23.03.2012).

Black, F./Scholes M. (1973), The Pricing of Options and Corporate Liabilities, in: *Journal of Political Economy* 81 (3), S. 637–654.

Brealey, R. A./Myers, S. C. (2003), Principles of corporate finance, 7. Aufl., Boston, Mass.

Brennan, M. J./Schwartz, E. S. (1982), Consistent regulatory policy under uncertainty, in: *Bell Journal of Economics* 13 (2), S. 506–521.

Brunkhorst, M. (1999), Privatisierung und Realoptionen, Einflußfaktoren auf Realoptionen der Privatisierungsagentur und der Investoren ; eine theoretische und quantitative Analyse ostdeutscher Unternehmens-Privatisierungen. Frankfurt am Main ; Berlin ; Bern ; New York ; Paris ; Wien ([Europäische Hochschulschriften / 5], 2463).

Bucher, M./Mondello, E.; Marbacher, S. (2002), Unternehmensbewertung mit Realoptionen. Umdenken in der Risikoauffassung bei Unternehmensbewertungen - Eurotunnel als Beispiel, in: *Der Schweizer Treuhänder* (9/02), S. 779–786.

Busby, J.S/Pitts, C.G.C (1997), Real options in practice an exploratory survey of how finance officers deal with flexibility in capital appraisal, in: *Management Accounting Research* 8 (2), S. 169–186.

CELLULAR (2012), Wir sind CELLULAR, http://www.cellular.de/company/cellular/, (25.03.2012).

Churchill, N. C./Lewis, V. L. (1983), The five stages of small business growth. In: *Harvard Business Review* 61 (3), S. 30.

Coenenberg, A. G./Schultze, W. (1998), Unternehmensbewertung anhand von Entnahme- oder Einzahlungsüberschüssen. Die Discounted Cash Flow-Methode, in: *Matschke M. J.* (Hg.), Unternehmensberatung und Wirtschaftsprüfung. Festschrift für Professor Dr. Günter Sieben zum 65. Geburtstag, Stuttgart, S. 269–299.

Copeland, T./Antikarov, V. (2003), Real options. A practitioner's guide, New York, NY.

Copeland, T./Weston, J. F./Shastri, K. (2005), Financial Theory and Corporate Policy, 4. Aufl., Harlow.

Cox, J. C./Ross, S. A./Rubinstein, M. (1979), OPTION PRICING A SIMPLIFIED APPROACH, in: *Journal of Financial Economics* 7 (3), S. 229–263.

Crasselt, N./Tomaszewski, C. (1999), Kleine Abhandlungen - Realoptionen -Eine neue Methode der Investitionsrechnung?, in: *Wirtschaftswissenschaftliches Studium* 28 (10), S. 556–559.

Deutsche Bank (2012), Tomorrow Focus, Solid finish to FY11 – potential triggers ahead?

Dixit, A. K./Pindyck, R. S. (1994), Investment under Uncertainly, Princeton, NJ.

Dixit, A. K./Skeath, S./Reiley, D. (2009), Games of strategy, 3. Aufl., New York.

Drukarczyk, J. (2001), Unternehmensbewertung, 3. Aufl., München.

Drukarczyk, J./Schüler, A. (2009), Unternehmensbewertung, 6. Aufl., München (Vahlens Handelsbücher der Wirtschafts- und Sozialwissenschaften).

Duffie, D. (2001), Dynamic asset pricing theory, 3. Aufl., Princeton N.J.

Ehrhardt, O./Merlaud, V. (2004), Bewertung von Wachstumsunternehmen mit der DCF-Methode und dem SchwartzMoon-Realoptionsmodell. Eine Fallstudie aus der Halbleiterbranche, in: *Finanz-Betrieb* 6 (11), S. 777–785.

Elliott, R. J./Madan, D. B. (1998), A Discrete Time Equivalent Martingale Measure, in: *Mathematical finance* 8 (2), S. 127–152.

Ernst, D./Schneider, S./Thielen, B. (2003), Unternehmensbewertungen erstellen und verstehen. Ein Praxisleitfaden, München.

Finanzen100 (2012), Über Finanzen100, http://www.finanzen100.de/presse/ (20.03.2012).

Freier, P. (2000), Etablierungsmanagement innovativer Unternehmensgründungen, Eine empirische Analyse der Biotechnologie, Wiesbaden.

Gompers, P. A./Lerner, J. (2001), The money of invention. How venture capital creates new wealth, Boston, Mass.

Grisebach, R. (1989), Innovationsfinanzierung durch Venture Capital. Eine juristische und ökonomische Analyse, München (Law and economics, 15).

Großfeld, B. (2002), Unternehmens- und Anteilsbewertung im Gesellschaftsrecht, 4. Aufl., Köln.

Harhoff, D./Woywode, M. (1994), Überlebenschancen von Unternehmen. Eine empirische Analyse auf der Basis des Mannheimer Unternehmenspanels. In: *Schmude, J.* (Hg.), Neue Unternehmen. Interdisziplinäre Beiträge zur Gründungsforschung, Heidelberg, S. 110–126.

Hasler, P. T. (2011), Aktien richtig bewerten. Theoretische Grundlagen praktisch erklärt, Heidelberg.

Hayn, M. (2000), Bewertung junger Unternehmen, 2. Aufl., Herne.

Helbling, C. (1998), Unternehmensbewertung und Steuern. Unternehmensbewertung in Theorie und Praxis, insbesondere die Berücksichtigung der Steuern aufgrund der Verhältnisse in der Schweiz und in Deutschland, 9. Aufl., Düsseldorf.

Hengartner, W./Theodorescu, R. (1978), Einführung in die Monte-Carlo-Methode, München.

Hommel, U./Lehmann, H. (2001), Die Bewertung von Investitionsprojekten mit dem Realoptionsansatz - Ein Methodenüberblick, in: *Hommel U.* (Hg.), Realoptionen in der Unternehmenspraxis. Wert schaffen durch Flexibilität, Berlin: Springer, S. 113–130.

Hommel, U./Mueller, J. (1999), Realoptionsbasierte Investitionsbewertung, in: *Finanz-Betrieb* 1 (8), S. 177–188.

Hommel, U./Pritsch, G. (1999), Marktorientierte Investitionsbewertung mit dem Realoptionsansatz, in: *Finanzmarkt und Portfolio-Management* 13 (2), S. 131–144.

Howell, S. D./Jagle, A. J. (1997), Laboratory evidence on how managers intuitively value real growth options, in: *Journal of Business Finance & Accounting* 24 (7/8), S. 915–935.

Hull, J. (2006), Optionen, Futures und andere Derivate, 6. Aufl., München, Boston, Mass.

Hull, J. (2011), Optionen, Futures und andere Derivate, 7. Aufl., München ; Boston, Mass.

IdW (1998), WP-Handbuch 1998. Handbuch für Rechnungslegung Prüfung und Beratung, 11. Aufl., Düsseldorf.

IdW (2005), Entwurf einer Neufassung des IDW Standards Grundsätze zur Durchführung von Unternehmensbewertungen (IDW ES 1 n. F.), in: *Die Wirtschaftsprüfung* 58 (1-2), S. 28–46.

Institut für Demoskopie Allensbach (2012), ACTA 2011, Trends im E-Commerce und soziale Netze als Markenplattform, http://www.google.de/url?sa=t&rct=j&q=&esrc=s&source=web&cd=5&ved=0CFcQFjAE&url=http%3A%2F%2Fwww.ifd-allensbach.de%2Ffileadmin%2FACTA%2FACTA_Praesentationen%2F2011%2FACTA2011_deSombre.pdf&ei=WiFzT6yGBY6Hswa-2bHkDQ&usg=AFQjCNF1wBmSqG6WbFdB4R7pilbAH67hHw&sig2=K9zi7DDc74mWJro190QusA (16.03.2012).

Irmler, D. (2005), Bewertung von Wachtumsunternehmen auf der Basis des Modells von Schwartz und Moon.

Judd, K. L. (1996), Approximation, Perturbation, and Projection Methods in Economic Analysis, in: *Amman, H. M./Kendrick, D. A./Rust J.* (Hg.), Handbook of computational economics, Amsterdam, S. 511–585.

Karl K. (2004), Stochastische Modelle der Unternehmensbewertung, in: *Richter F.* (Hg.), Unternehmensbewertung. Moderne Instrumente und Lösungsansätze. Stuttgart,S. 421–441.

Keiber, K./Kronimus, A./Rudolf, M. (2002), State of the Art - Bewertung von Wachstumsunternehmen am Neuen Markt, in: *Zeitschrift für Betriebswirtschaft* 72 (7), S. 735–764.

Klandt, H. (2006), Gründungsmanagement: der integrierte Unternehmensplan, Business Plan als zentrales Instrument für die Gründungsplanung, 2. Aufl., München (Lehr- und Handbücher der Betriebswirtschaftslehre).

Knecht, T. C. (2003), Bewertung innovativer Spin-off-Unternehmen. Eine empirische Analyse zur Quantifizierung von Werttreibern aus der Perspektive eines externen Investors, Berlin (Betriebswirtschaftliche Forschungsergebnisse, 124).

Kulatilaka, N. (1993), The Value of Flexibility The Case of a Dual-Fuel Industrial Steam Boiler, in: *FM: The Journal of the Financial Management Association* 22 (3), S. 271–280.

Kulatilaka, N. (1995), Operating Flexibilities in Capital Budgeting, in: *Trigeorgis, L.* (Hg.), Real Options in Capital Investment, Westport, Connecticut, S. 121–132.

Küting, K. (1980), Unternehmerische Wachstumspolitik. Eine Analyse unternehmerischer Wachstumsentscheidungen und d. Wachstumsstrategien deutscher Unternehmungen, Berlin, (Betriebswirtschaftliche Studien, 38).

Landwehr, S. (2005), Know-how-Management bei innovativen Unternehmensgründungen, 1. Aufl., Wiesbaden (Betriebswirtschaftliche Forschung zur Unternehmensführung, 50).

Laub, U. (1991), Innovation und Unternehmertum. Perspektiven Erfahrungen Ergebnisse, Wiesbaden.

Liebler, H. (1996), Strategische Optionen, Eine kapitalmarktorientierte Bewertung von Investitionen unter Unsicherheit. St. Gallen, Univ., Diss., 1996.

Loderer, C. (2007), Handbuch der Bewertung, Praktische Methoden und Modelle zur Bewertung von Projekten Unternehmen und Strategien, Literaturangaben, 4. Aufl., Zürich.

Löhnert, P.G./Böckmann U. (2002), Multiplikatorverfahren in der Unternehmensbewertung, in: *Peemöller V. H./Angermayer-Michler, B.* (Hg.), Praxishandbuch der Unternehmensbewertung, 2. Aufl., Herne, S. 401–426.

Löhr, D. (1994), Die Grenzen des Ertragswertverfahrens, Kritik und Perspektiven. Frankfurt am Main (Europäische Hochschulschriften : Reihe 5, Volks- und Betriebswirtschaft, 1474).

Löhr, D./Rams, A. (2000), Bilanzrecht und Wirtschaftsprüfung - Unternehmensbewertung mit Realoptionen - Berücksichtigung strategisch-dynamischer Flexibilität, in: *Betriebs-Berater* 55 (39), S. 1983–1989.

Majd, S./Pindyck, Robert S. (1987),Time to Build, Option Value, and Investment Decisions, in: *Journal of Financial Economics* 18 (1), S. 7–27.

Mandl, G./Rabel, K. (1997), Unternehmensbewertung. Eine praxisorientierte Einführung, Wien.

Matiaske, W. (2000), Empirische Organisations- und Entscheidungsforschung, Ansätze Befunde Methoden, Heidelberg.

McGrath, R. G./Nerkar, A. (2004), Real Options Reasoning and a New Look at the R&d Investment Strategies of Pharmaceutical Firms, in: *Strategic Management Journal* 25 (1), S. 1–21.

McKean, H. P. (1969), Stochastic integrals, New York.

Meise, F. (1998), Realoptionen als Investitionskalkül. Bewertung von Investitionen unter Unsicherheit, München.

Mendrzyk, J. P. (1999), Venture capital and asymmetric information. An analysis of screening incentive and control mechanisms in German venture capital finance. Oestrich-Winkel, Europ. Business School, Diss., 1999.

Merton, R. C. (2009), Continuous-time finance, 19 Aufl., Malden, Mass.

Merton, R. C. (1973), An Intertemporal Capital Asset Pricing Model, in: *Econometrica* 41 (5), S. 867–887.

Meyer, B. H. (2006), Stochastische Unternehmensbewertung, Der Wertbeitrag von Realoptionen, 1. Aufl., Wiesbaden.

Mostowfi, M. (1997), Bewertung von Investitionen unter Berücksichtigung zeitlicher Flexibilität, in: *Betriebswirtschaftliche Forschung und Praxis* (5), S. 580–592.

Müller, S. (2003), Die Bewertung junger Unternehmen und Behavioral Finance, Eine theoretische und experimentelle Untersuchung, 1. Aufl., Lohmar.

Müller-G. C./Bieneck, K./Bender, P. (2006), Wirtschaftsstrafrecht, Handbuch des Wirtschaftsstraf- und -ordnungswidrigkeitenrechts, 4. Aufl., Köln.

Myers, S. C. (1977), Determinants of Corporate Borrowing, in: *Journal of Financial Economics* 5 (2), S. 147–175.

OnVista (2012a), TECDAX PERFORMANCE-INDEX, Einzelwerte, http://www.onvista.de/index/top-flop.html?ID_NOTATION=6623216, (01.04.2012).

OnVista (2012b), TECDAX PERFORMANCE-INDEX, Historie/T & S, http://www.onvista.de/index/historie.html?ID_NOTATION=6623216, (01.04.2012).

OnVista (2012c), TOMORROW FOCUS AG INHABER-AKTIEN O.N., Snapshot, http://www.onvista.de/aktien/snapshot.html?ID_OSI=82011&PERIOD=2#chart (02.04.2012).

OnVista (2012d), 10j-Bundesanleihen, http://www.finanzen.net/zinsen/10j-Bundesanleihen, (18.03.2012).

OnVista (2012e), 30j-Bundesanleihen, http://www.finanzen.net/zinsen/30j-Bundesanleihen, (18.03.2012).

Peemöller, V. H./Angermayer-Michler, B.(Hg.) (2002), Praxishandbuch der Unternehmensbewertung, 2. Aufl., Herne.

Peemöller, V. H./Geiger, T./Barchet, H. (2001), Bewertung von Early-Stage-Investments im Rahmen der Venture-Capital-Finanzierung, in: *Finanz-Betrieb* 3 (5), S. 334–344.

Perridon, L./Steiner, M. (1999), Finanzwirtschaft der Unternehmung, 10. Aufl., München.

Pfirrmann, O./Wupperfeld, U./Lerner, J. (1997), Venture capital and new technology based firms. An US-German comparison, Heidelberg.

Poddig, T./Dichtl, H./Petersmeier, K. (2003), Statistik, Ökonometrie, Optimierung, Methoden und ihre praktischen Anwendungen in Finanzanalyse und Portfoliomanagement, 3. Aufl., Bad Soden.

Pritsch, G. (2000), Realoptionen als Controlling-Instrument. Das Beispiel pharmazeutische Forschung und Entwicklung, 1. Aufl., Wiesbaden.

Rams, A. (1998), Strategisch-dynamische Unternehmensbewertung mittels Realoptionen, in: *Die Bank* (11), S. 676–681.

Rappaport, A. (1999), Shareholder value. Ein Handbuch für Manager und Investoren, 2. Aufl., Stuttgart.

Ritchken, P. H./Rabinowitz, G. (1988), Capital budgeting using contingent claims analysis. A tutorial, in: *Advances in futures and options research* (3), S. 119–143.

Rudolf, M./Witt, P. (2002), Bewertung von Wachstumsunternehmen, Traditionelle und innovative Methoden im Vergleich, 1. Aufl., Wiesbaden.

Schäfer, H./Schässburger, B. (2000), Realoptionsansatz in der Bewertung forschungsintensiver Unternehmen, Anwendung am Beispiel eines Biotech-Start-up, in: *Finanz-Betrieb* 2 (9), S. 586–592.

Schäfer, H./Schässburger, B. (2001), Bewertungsmängel von CAPM und DCF bei innovativen wachstumsstarken Unternehmen und optionspreistheoretische Alternativen, in: *ZfB* 71. (1), S. 85–107.

Schmidlin, N. (2011), Unternehmensbewertung & Kennzahlenanalyse, Praxisnahe Einführung mit zahlreichen Fallbeispielen börsenorientierter Unternehmen, Norderstedt.

Schmitz, T./Wehrheim, M. (2006), Risikomanagement, Grundlagen Theorie Praxis, Stuttgart.

Schöbel, R. (1995), Kapitalmarkt und zeitkontinuierliche Bewertung, Heidelberg.

Schubert, W./Küting, K. (1981), Unternehmungszusammenschlüsse, München.

Schwall, B. (2001), Die Bewertung junger, innovativer Unternehmen auf Basis des Discounted cash flow. Frankfurt am Main.

Schwartz, E. S./Moon, M. (2000), Rational Pricing of Internet Companies, in: *Financial Analysts Journal* 56 (3), S. 62–75.

Schwartz, E. S./Moon, M. (2001), Rational Pricing of Internet Companies Revisited, in: *Financial Review* 36 (4), S. 7–26.

Solbach, M. C. (1999), Besonderheiten der Bewertung von Wachstumsunternehmen, in: Behr, G. (Hg.), Wachstumsfinanzierung, Bern, S. 201–220.

Struck, J. (1999), Eigenkapital als Investitionshemmnis. Eine Studie der Deutschen Ausgleichsbank (DtA), in: Betriebswirtschaftliche Forschung und Praxis, Herne.

Szyperski, N./Nathusius, K. (1977), Probleme der Unternehmungsgründung. Eine betriebswirtschaftliche Analyse unternehmerischer Startbedingungen, 1. Aufl., Stuttgart.

TFT GmbH (2012), Leistungen, http://www.t-f-t.net/leistungen/ (27.03.2012).

The Boston Consulting Group (2012), The Internet Economy in the G-20, http://www.google.de/url?sa=t&rct=j&q=&esrc=s&source=web&cd=1&ved=0CCQQFjAA&url=http%3A%2F%2Fwww.bcg.com%2Fdocuments%2Ffile100409.pdf&ei=2iVzT-ifEcvKsgbC_YDODQ&usg=AFQjCNEC-G69DXnGZmtN0d66W7RAAjLY6w&sig2=6quoU0vITOewTJjx6cUc1A (26.03.2012).

THOMSON ONE (2012), THOMSON ONE, https://www.thomsonone.com/ (15.03.2012).

Tomorrow Focus AG (2012a), Die TOMORROW FOCUS Strategie 2015, Viel erreicht und noch viel vor, http://www.tomorrow-focus.de/unternehmen/artikel/die-tomorrow-focus-strategie-2015-viel-erreicht-und-noch-viel-vor_aid_603.html (15.03.2012).

Tomorrow Focus AG (2012b), Zwischenbericht 2011 Q3, http://static.tomorrow-focus.de/chameleon/outbox/public/0ad9ded6-d5e1-f060-33de-e42b57ba80b5/Zwischenbericht-der-TOMORROW-FOCUS-AG-zum-3-Quartal-2011.pdf.

Tomorrow Focus Media (2012), Online Advertising Report 2011/1, http://www.google.de/url?sa=t&rct=j&q=&esrc=s&source=web&cd=3&ved=0CE4QFjAC&url=http%3A%2F%2Fwww.tomorrow-focus-

media.de%2Fuploads%2Ftx_mjstudien%2FOnlineAdvertisingSpendingReport2011_01.pdf&ei= ghtzT6urBMfHtAaRvczCDQ&usg=AFQjCNHqc92e8J2NbFWrrqpbksfTHZfZrA&sig2=Ul1 LnWhcRA-D9DwTEBzrEQ (17.03.2012).

Trigeorgis, L. (2000), Real options, Managerial flexibility and strategy in resource allocation, 5. Aufl., Cambridge, Mass.

Trigeorgis, L. (1993), Real Options and Interactions With Financial Flexibility, in: *FM: The Journal of the Financial Management Association* 22 (3), S. 202–224.

Unterkofler, G. (1989), Erfolgsfaktoren innovativer Unternehmensgründungen. Ein gestaltungsorientierter Lösungsansatz betriebswirtschaftlicher Gründungsprobleme, Frankfurt am Main.

Walter, G. (2004), Bewertung junger innovativer Wachstumsunternehmungen unter besonderer Berücksichtigung der Interessen von Venture Capital-Gesellschaften. Einzelbewertungs- Ertragswert- Discounted Cash-flow- und Multiplikatorverfahren sowie Realoptionsansatz im Vergleich, 1. Aufl., Gießen.

Zantow, R./Dinauer, J. (2011), Finanzwirtschaft des Unternehmens, Die Grundlagen des modernen Finanzmanagements, 3. Aufl., München.

Zimmermann, H. (1998), State-Preference Theorie und Asset Pricing. Eine Einführung, Heidelberg.